W0058429

Annie Besant
Das Gewebe des Schicksals

Annie Besant

DAS GEWEBE DES SCHICKSALS

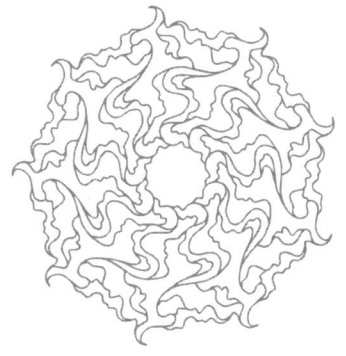

○ EDITION ADYAR

Titel der englischen Originalausgabe:
The Riddle of Life

© 2013 Aquamarin Verlag GmbH
Voglherd 1 • D-85567 Grafing
www.aquamarin-verlag.de

Umschlaggestaltung: Annette Wagner

ISBN 978-3-89427-650-8

Druck: Ebner & Spiegel · Ulm

INHALT

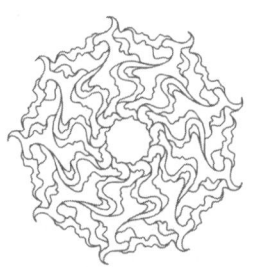

KAPITEL I

DIE BEDEUTUNG DER THEOSOPHIE

Das Wort »Theosophie« ist auf den Lippen vieler, und wie M. Jourdain in Prosa sprach, ohne es zu wissen, so gibt es auch viele, die Theosophen sind, ohne dass es ihnen zum Bewusstsein kommt. Theosophie ist *göttliche Weisheit,* und diese Weisheit ist das Licht, das jedem Menschen, der je zur Welt gekommen ist, leuchtet. Es gehört keinem ausschließlich, es gehört allen gemeinsam. Die Kraft, es zu erhalten, ist gleichzeitig das Recht, es zu besitzen, und die Tatsache des Besitzens bringt auch die Pflicht mit sich, daran teilzunehmen. Jede Religion, jede Philosophie, jede Wissenschaft, jede Tätigkeit bezieht das, was sie an Wahrheit und Schönheit besitzt, aus der göttlichen Weisheit, und es kann keine von ihnen anderen gegenüber diese als ihr ausschließliches Eigentum beanspruchen. Theosophie gehört nicht der Theosophischen Gesellschaft; die Theosophische Gesellschaft gehört der Theosophie.

Was aber ist das innerste Wesen der Theosophie? Es ist die Tatsache, dass der Mensch, da er selbst göttlich ist, die Gottheit erkennen kann, an deren Leben er teilnimmt. Aus dieser höchsten Wahrheit erwächst als ihre unvermeidliche Schlussfolgerung die Tatsache der Bruderschaft aller Menschen. Das göttliche Leben ist der Geist in allem Bestehenden, vom Atom angefangen bis zum Erzengel. Das Staubkörnchen könnte nicht vorhanden sein, wäre Gott nicht in ihm, und der erhabenste Seraphim ist nichts als nur ein Funken des göttlichen Feuers, welches Gott ist. So bilden wir eine Gemeinschaft, mit der wir an dem *einen Leben* in Gott teilnehmen. Die Grundwahrheiten der Theosophie sind: Das Durchdrungensein von Gott und das Wohnen in Gott sowie die Solidarität der Menschen.

Ihre an zweiter Stelle kommenden Lehren sind die gewöhnlichen Lehren aller lebenden oder toten Religionen: Die Einheit Gottes, die Dreieinigkeit seiner Natur, das Herabkommen des Geistes in die Materie und die Hierarchie der Intelligenzen, wovon eine die Menschheit ist. Das Wachsen der Menschheit durch das Entfalten des Bewusstseins und die Entwicklung von Körpern, fortschreitend durch Reinkarnation unter dem unzerstörbaren Gesetz der Kausalität, dem Karma-Gesetz. Die Umgebung, in der dieses Wachsen sich vollzieht, besteht aus drei Welten: Der physischen, der astralen und der mentalen Welt. Man könnte auch Erde, Jenseits und Himmel sagen. Dazu gehört das Wissen um die Existenz göttlicher Lehrer, die einst Menschen wie wir waren, jetzt aber bereits übermenschliche Wesen geworden sind.

Alle Religionen lehren oder haben dies gelehrt, obgleich von Zeit zu Zeit die eine oder andere dieser Lehren vorübergehend in den Hintergrund gedrängt worden sein mag. Immer aber erscheinen sie wieder, wie beispielsweise auch die Lehre von der Reinkarnation der Christenheit entfallen ist, ihr jetzt aber wieder zum Bewusstsein kommt.

Es ist die Aufgabe der Theosophischen Gesellschaft als Ganzes, diese Wahrheiten in allen Ländern weiter zu verbreiten, obgleich kein Mitglied im Einzelnen dazu angehalten ist, irgendeine dieser Wahrheiten anzunehmen. Jedem Mitglied steht es absolut frei, so zu studieren, wie es ihm gefällt, ein Lehre anzunehmen oder zu verwerfen, aber wenn die Gesellschaft als Ganzes aufhören würde, diese Wahrheiten anzunehmen und weiter zu verbreiten, dann würde sie auch zu bestehen aufhören.

Die Einheit der Lehren in den Religionen der Welt ist der Tatsache zuzuschreiben, dass sie alle durch Mitglieder der Bruderschaft der göttlichen Lehrer gegründet worden sind, welche die Hüterin der göttlichen Weisheit ist. Aus dieser Bruderschaft treten von Zeit zu Zeit die Gründer neuer Religionen hervor, die der Menschheit immer wieder dieselben Lehren bringen, sie aber so umformen, damit sie stets den Bedingungen der herrschenden Zeit sowie der intellektuellen Stufe, auf der das jeweilige Volk steht, zu dem sie kommen, seiner Art, seinen Bedürfnissen und seinen Fähigkeiten, entsprechen. Die Hauptsachen sind stets dieselben, die Nebensachen mögen verschieden sein. Die Identität liegt in den Symbolen, wie sie allen Religionen zueigen sind, denn Symbole sind die alltägliche Sprache der Religionen. Der Kreis, das Dreieck, das Kreuz, das Auge, die Sonne, die Sterne und viele andere legen von jeher stummes Zeugnis von der fundamentalen Einheit der Religionen der Welt ab. Da die Theosophische Gesellschaft dies anerkennt, dient sie allen Religionen innerhalb deren eigenen Glaubensgebieten und vereint sie in einer großen Bruderschaft.

Was die ethische Seite der theosophischen Lehren betrifft, gründet die Theosophie diese auf die Einheit des Seins, indem sie in jeder Form den Ausdruck eines allen gemeinsamen Lebens findet und darin die Tatsache offenbart, dass das, was ein Wesen verletzt, alle verletzt.

Böses zu tun, also Gift in das Lebensblut der Menschheit zu gießen, ist ein Verbrechen gegen diese Einheit. Die Theosophie versteht sich sich vom Ursprung her als eine Verkörperung der höchsten Moral, aber sie zeigt ihren Jüngern die höchsten moralischen Lehren *aller* Religionen, indem sie die duftendsten Blüten aus dem Garten der Religionen der Welt sammelt. Die Theosophische Gesellschaft hat keinen Kodex, denn jeder solcher, besonders ein aufgedrängter Kodex, würde nur einen Durchschnitt des gesellschaftlichen Bewusstseins repräsentieren, während die Gesellschaft bemüht ist, ihre Mitglieder über den gewöhnlichen Stand der Zeiten und Dinge zu erheben, indem sie ihnen immer wieder die höchsten Ideale vor Augen hält und sie mit den erhabensten Idealen erfüllt.

Sie lässt das Gesetz des Moses beiseite und handelt im Geiste des Buddha und des Christus. Sie trachtet danach, das innere Gesetz hervorzuheben, nicht ein äußerliches aufzustellen. Ihre Gepflogenheit ist es nicht, weniger fortgeschrittene Mitglieder auszuschließen, sondern sie in ihrer Entwicklung zu fördern.

Die Verkörperung der *göttlichen Weisheit* in eine Organisation bildet einen Kern, aus dem ihre Lebenskraft auszustrahlen vermag. Ein neues und starkes Glied für die Verbindung der geistigen und materiellen Welten wurde dadurch geschmiedet, und es ist im wahrsten Sinne des Wortes ein Sakrament, »das äußerliche und sichtbare Zeichen einer innerlichen und geistigen Gnade«, ein Zeuge für das Leben Gottes im Menschen.

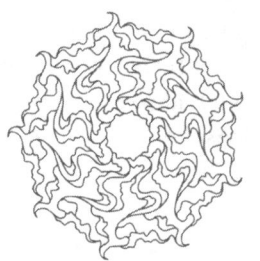

KAPITEL II
DAS SONNENSYSTEM

Ein Sonnensystem wird gebildet von einer Gruppe von Welten, die um eine Zentralsonne kreisen, von welcher sie Licht, Leben und Energie erhalten. Hierin stimmen die Theosophen mit den Nicht-Theosophen überein. Aber der Theosoph sieht viel mehr als das in einem Sonnensystem. Für ihn ist es ein weitgestrecktes Feld der Evolution, über welches ein göttliches Wesen herrscht, das den Stoff des Systems aus dem Äther des Raumes erschaffen hat und ihn mit seinem Leben erfüllt, ihn in seinem Körper organisiert und aus seinem Herzen, der Sonne, die Energie ausströmen lässt, die durch das System als Lebensblut zirkuliert. Ein Lebensblut, das, wenn seine ernährenden Eigenschaften erschöpft sind, zum Herzen zurückkehrt, um, vollkommen erneuert, wieder an seine Leben erhaltende Arbeit gesandt zu werden.

Daher ist ein Sonnensystem für den Theosophen nicht nur ein großartiger Mechanismus physikalischer Materie, sondern der Ausdruck des Lebensprinzips und der aus ihm entstehenden Wesen, die in allen Teilen mit latenter oder aktiver Intelligenz, mit Wünschen und mit Tatkraft beseelt sind. Es »besteht um des höchsten Selbst willen«, damit die Keime der Göttlichkeit der von ihm herrührenden embryonischen Seelenfunken sich zur Ähnlichkeit mit dem Ur-Gott-Vater entfalten können, denn sie nehmen Anteil an dessen Natur, indem sie ja in Wahrheit »erfüllt von der göttlichen Natur« sind.

Die Welten des Systems tragen Menschen, und nicht nur diese allein, sondern auch Wesen niederer Ordnung sind ihre Bewohner. In Reichen, feiner als das physische, wohnen Wesen, die höher stehen als die Menschen, sowie auch solche, die weniger entwickelt sind. Wesen, die in Stoff, feiner als unser physischer, gekleidet und deshalb für physische Augen unsichtbar, aber nichtsdestoweniger tätig und intelligent sind. Wesen, unter deren Heer Myriaden von Menschen zu finden sind, die zeitweise ihren physischen Körper abgelegt haben, aber trotzdem denkende, liebende und tätige Menschen sind. Selbst während ihres Lebens auf einer physischen Erde, wo sie sich in ihrem physischen Körper befinden, sind die Menschen in Berührung mit diesen anderen Welten und deren Wesen und können in bewusstem Verkehr mit ihnen stehen, wie die Begründer, Propheten, Mystiker und Lehrer aller Religionen auf unserer Erde bezeugt haben.

Gott manifestiert sich in seinem System in dreifacher Weise oder in *drei Personen*, dem Schöpfer, dem Erhalter und dem Erneuerer, dies sind der Vater, der Sohn und der Heilige Geist der Christenheit oder Brahma, Vishnu und Shiva der Hindus. Wir finden sie als Chochmah, Binah und Kether der hebräischen Kabbalisten oder als dritten, zweiten und ersten Logos der Theosophie, welche den alten griechischen Ausdruck »das Wort« für den offenbarten Gott benutzt.

Der Stoff des Systems wird durch den dritten Logos aufgebaut, indem sieben Arten von Atomen durch ihn gebildet werden. Anhäufungen, die sich aus diesen Arten zusammensetzen, ergeben die sieben fundamentalen Arten von Stoff, die in jedem System gefunden werden, von denen jede Art dichter ist als ihre Vorgängerin und deren jede mit einer entsprechenden Stufe von Bewusstsein in Wechselbeziehung steht.

Wir nennen den aus einer besonderen Art Atome zusammengesetzten Stoff eine Ebene, eine Welt, und demgemäß kennen wir sieben solcher Ebenen im Sonnensystem: Die beiden höchsten sind die göttlichen oder übergeistigen Ebenen, die Ebenen der Logoi, und die niedere dieser beiden ist der Geburtsort und Wohnsitz des menschlichen Selbst, der Monade, des Gottesfunken im Menschen. Die beiden folgenden Ebenen sind die spirituellen Ebenen, auf denen der Mensch, wenn er sie erreicht, sich als göttlich erkennt. Die fünfte, immer dichter werdend, ist die intellektuelle Ebene. Die sechste, die Ebene der Gefühle und

Neigungen, der Sitz der Empfindungen und Wünsche, wird im Allgemeinen Astralebene genannt; und die siebte ist die physische Ebene. Der Stoff der spirituellen Ebenen steht in Wechselbeziehung mit der spirituellen Stufe des Bewusstseins und ist so fein und plastisch, dass er jedem Impuls des Geistes nachgibt. Hier geht das Gefühl des Getrenntseins in jenem der Einheit verloren. Der Stoff der intellektuellen Ebene steht in enger Beziehung mit der intellektuellen Stufe des Bewusstseins, mit dem Denkvermögen, mit der Erkenntnis, und jeder Wechsel der Gedanken ist von einem Vibrieren des Stoffes begleitet. Der verstorbene W. K. Clifford scheint »Mentalstoff« als einen Bestandteil des Kosmos erkannt zu haben, denn wie jede Kraft ein Medium benötigt, so benötigt auch der Gedanke, als eine Kraft betrachtet, eine besondere Art von Stoff für seine Tätigkeit. Der Stoff der Astralebene steht in Wechselbeziehung mit dem Wunschvermögen des Bewusstseins, und jeder Wechsel der Gefühle, Leidenschaften, Wünsche und Empfindungen ist von einem

Vibrieren dieses Stoffes begleitet. Der Stoff der physischen Ebene ist der gröbste und dichteste und kommt als erster in Frage für den aktiven Ausdruck menschlichen Bewusstseins.

Die sieben Arten von Materie, die ineinander eindringen und einander durchdringen – so wie feste Körper, Flüssigkeiten, Gase und Äther sich in den uns umgebenden Objekten durchdringen – sind keinesfalls über die ganze von einem Sonnensystem eingenommene Fläche gleichmäßig verteilt, sondern stellenweise findet in Planeten, Reichen oder Welten eine Anhäufung statt. Die drei feinsten Arten von Stoff breiten sich über das Ganze aus und sind deshalb überall im System. Die vier dichteren Arten von Stoff bilden und umgeben die Welten, die von diesen eingenommenen Felder sind jedoch nicht in gegenseitiger Berührung oder Verbindung. Wir lesen in verschiedenen heiligen Schriften von »Sieben Geistern«. Christentum und Islam kennen sieben Erzengel, die Lehre des Zoroaster hat die sieben Amshaspends, die Kabbala hat sieben

Sephiroth. Die Theosophie nennt sie die sieben
Planetarischen Logoi, und sie sind Beherrscher
der Planeten Vulkan, Venus, Erde, Jupiter, Sa-
turn, Uranus und Neptun.

Jeder dieser sieben Planeten bildet den
Dreh- und Angelpunkt für eine Kette von zusammenhängenden Welten, über die der pla-
netarische Logos herrscht, und jede Kette ist
ein separates Feld der Evolution, von ihrem
frühesten Anfang bis hinauf zum Menschen.
Derart gibt es also sieben solcher Nebenfelder
der Evolution in einem Sonnensystem, und
alle befinden sich natürlicherweise in un-
terschiedlichen Stadien des Fortschritts. Die
Kette besteht aus sieben Globen, von denen im
Allgemeinen einer physisch ist, während die
sechs anderen feineren Stoffes sind. In unserer eigenen Kette jedoch hat unsere Erde zwei
dem physischen Auge sichtbare Schwestern,
nämlich Mars und Merkur, und vier unsichtbare Begleiter. Die Welle des evolutionä-
ren Lebens, welche die sich entwickelnden
Wesen trägt, nimmt stets nur einen Globus

zum Aufenthalt – mit gewissen besonderen Ausnahmen, die jedoch hier nicht erwähnt werden müssen, denn wenn die Lektionen auf dem früheren gelernt worden sind, geht sie zu dem der Ordnung Nachfolgenden über. Derart ist unsere Menschheit von Globus 1, auf der Mentalebene, zu Globus 2, auf der Astralebene, von diesem auf Globus 3, dem Mars, und von da auf Globus 4, unserer Erde, gekommen. Sie wird nach Globus 5, Merkur, weiterschreiten, von da zu Globus 6, wieder auf die Astralebene, und dann zu Globus 7, auf der Mentalebene, und damit ist eine große Runde der Entwicklung abgeschlossen.

Dieser ungeheure Plan der Evolution kann natürlich von Unwissenden nicht sofort erfasst werden, ebenso wenig wie sie die entsprechende Arbeit eines Astronomen, welche nur von der physischen Ebene handelt, zu würdigen vermögen. Es ist auch nicht notwendig, dass es sofort von jedermann verstanden wird, da es ja keine unmittelbare Wirkung auf das alltägliche Leben hat, sondern es ist nur interessant für den Menschen, der zu erkennen wünscht und daher bereit ist, sich in die inneren Strukturen der Natur zu vertiefen und seine intellektuellen Kräfte entsprechend anzustrengen.

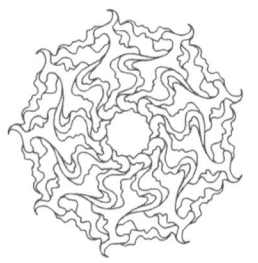

KAPITEL III
DER MENSCH
UND SEINE WELTEN

Der Mensch ist eine spirituelle Intelligenz, die in einem physischen Körper Wohnung genommen hat in der Absicht, in Welten, die unter dem Niveau der spirituellen Sphären liegen, Erkenntnisse und Erfahrungen zu sammeln, damit er fähig wird, diese Welten zu erobern, zu beherrschen und in späteren Zeiten seinen Platz in der erschaffenden und gestaltenden Hierarchie des Universums einzunehmen.

Es gibt ein universelles Gesetz, wonach ein Bewusstsein nur das wissen kann, was es zu reproduzieren vermag. Ein Bewusstsein vermag ein anderes im Verhältnis nur so weit zu erkennen, als es fähig ist, den Wechsel, den das andere durchlebt, auch in sich selbst hervorzubringen. Wenn ein Mensch gleichzeitig den Schmerz eines anderen fühlt, glücklich ist, wenn der andere es ist, Vertrauen hegt beziehungsweise Besorgnis oder ähnliches mit dem anderen empfindet, dann kennt dieser Mensch den anderen.

Sympathie – Zuneigung – ist die Bedingung für diese Erkenntnis. Bewusstsein arbeitet in Körpern. Wir sind bekleidet und nicht nackt, unsere Körper sind aus Stoff zusammengesetzt. Bewusstsein mag auf Bewusstsein einwirken, aber wie vermag Bewusstsein auf diese Körper einzuwirken?

Es gibt ein weiteres Gesetz, wonach ein Wechsel im Bewusstsein gleichzeitig von einem Vibrieren des ihm nahen Stoffes begleitet ist, und jeder Wechsel hat seine eigene reagierende Vibration, so wie ein gewisser musikalischer Laut nur von einer Saite von besonderer Länge und Dicke hervorgebracht werden kann. In einem Sonnensystem ist jedes Einzelbewusstsein ein Teil des Bewusstseins des göttlichen Herrn des Systems, und aller Stoff des Systems ist Sein Körper: »In Ihm leben wir und bewegen uns und haben unser

Sein.« Er hat diesen Stoff geformt und mit sich verwandt gemacht, so dass der Stoff überall durch unzählbare Arten von Vibrationen auf die unzählbaren Wechsel in Seinem Bewusstsein reagiert, eine jede zu jedem. In Seinem ganzen ungeheuren Reich entsprechen Sein Bewusstsein und Sein Stoff einander in vollkommener und ewiger Harmonie, in unverletzlicher innigster Verbindung.

Der Mensch teilt diese Verwandtschaft von Bewusstsein und Stoff mit Gott, aber nur in einer elementaren und schwachen Weise; auf die Veränderungen seines Bewusstseins reagieren Vibrationen in dem ihn umgebenden Stoff, aber diese sind zuerst nur in den überspirituellen Welten vollkommen und vollständig, wo er, der Mensch, als eine Ausströmung Gottes besteht. Dort allein reagiert auf jede Vibration des Stoffes ein Wechsel in seinem Bewusstsein, und er erkennt diese spirituelle Welt, die sein Geburtsort und sein Heim ist. Aber in Welten aus Stoff, dichter als jene erhabene Region, ist er noch ein Fremder. Die Schwingungen jenes dichten Stoffes wirken, obgleich sie ihn umgeben, nicht auf ihn ein. Sie existieren für ihn nicht, so wenig wie die Wellen der drahtlosen Telegrafie auf ihn wirken, die ja auch bestehen, aber trotzdem für unsere Sinne nicht wahrnehmbar sind. Wie kann nun der Mensch seinem Gott-Vater ähnlich werden, für den jede Vibration eine Botschaft ist, der irgendeine gewollte Vibrierung im Stoff durch einen Wechsel im Bewusstsein hervorbringen kann, der bewusst und tätig in jedem Punkt seines Systems ist?

Die Antwort liegt in den Worten: Involution und Evolution. Er muss sich selbst in Stoff hüllen, sich mit stofflicher Hülle umkleiden und Material aus allen Welten – der spirituellen, mentalen, astralen und physischen Ebene – an sich ziehen. Dies ist die Einkleidung des Geistes in den Stoff – Involution – manchmal das Herabsteigen des Geistes in die Materie, manchmal der *Fall des Menschen* genannt. Dann, nachdem er diese stoffliche Hülle erhalten hat, muss er langsam versuchen, die Veränderungen in sich selbst – in seinem eigenen Bewusstsein – zu verstehen, jene wogenden, verwirrenden Veränderungen, die ohne seinen Willen kommen und gehen und von den in seiner materiellen Hülle in Bewegung gesetzten Vibrationen hervorgebracht werden, die wiederum, durch Schwingungen der ihn umgebenden größeren Welt verursacht, seinem Bewusstsein ungesuchte Wechsel und Gemütsbewegungen aufzwingen. Diese hat er zu entwirren, auf ihren Ursprung zurückzuführen und durch sie die Existenz und die Einzelheiten der ihn umgebenden Welten kennenzulernen. Es geht darum, den ihm zugeeigneten Stoff – seine Körper – in komplexere und empfänglichere Bereiche einzuteilen, nach freiem Ermessen die außerhalb der Körper tätigen Schwingungen in diese einzulassen oder auszuschließen, um so endlich durch sie die Impulse seines Bewusstseins der äußeren Natur einzuprägen und dadurch ihr Beherrscher statt ihr Sklave zu werden. Dies ist Evolution, der Aufstieg des Geistes durch den Stoff, seine Entfaltung in der stofflichen Hülle, die den verschiedenen Welten, die ihre Umgebung bilden, entnommen ist. Mit seinem eigenen Leben durchdringt er den Stoff, macht ihn dadurch zum gelehrigen Werkzeug des Geistes und erlöst ihn von seiner gewöhnlichen Benutzung für den Dienst an einem höheren Ideal.

Diese von den verschiedenen Welten entnommene materielle Hülle muss nach und nach durch Stöße von außen und Reaktionen darauf von innen zu einem Körper oder Werkzeug des Bewusstseins gemacht werden. Sie ist von unten nach oben zu entwickeln, vom dichteren zum feineren, indem die Materialien jeder Welt getrennt organisiert werden, als ein Mittel, um Mitteilungen aus jeder erhalten zu können und danach zu handeln. Das physische Material wird zuerst zu einer kompakten Masse zusammengezogen, in welcher die Lebensvorgänge verrichtenden Organe, wie etwa jene der Sinne, zunächst langsam entwickelt werden. Der wundervoll komplexe physische Körper ist durch Millionen von Jahren gestaltet worden und ist immer noch in Entwicklung begriffen. Er bringt den Menschen in Berührung mit der ihn umgebenden physischen Welt, die er sehen, hören, fühlen, schmecken und riechen kann, und in der er durch sein Gehirn und seine Nerven, die seine Muskeln, Hände und Füße dirigieren und kontrollieren, Veränderungen zustande bringt. Dieser Körper ist nicht vollkommen, denn es gibt noch viel in der ihn umgebenden physischen Welt, was er nicht zu erklären vermag: Formen wie Atome, die er nicht sehen kann, Laute, die er nicht hört, und Kräfte, die er nicht wahrnehmen kann, bis sie durch die Bewegung großer Massen die Wirkungen hervorgebracht haben, die groß genug sind, um von ihm empfunden zu werden. Er hat feine Instrumente hergestellt, damit sie seinen Sinnen helfen und deren wahrnehmbaren Horizont erweitern. Teleskope und Mikroskope sollen den Augen oder Mikrofone den Ohren helfen. Aber mit der Zeit wird die Entwicklung des Körpers selbst die ganze physische Welt zu seiner Erkenntnis bringen.

Dann, nachdem der Körper höher organisiert ist, wird das nächst feinere Material, das Astrale, das den Menschen nach und nach in

Berührung mit der astralen Welt – der Welt der Gemütsbewegungen, Leidenschaften und Wünsche – bringt, in ähnlicher Weise entwickelt. Die meisten Menschen der fortgeschritteneren Kulturen werden, wenn auch unmerklich, astrale Ströme verspüren, einige vermögen sie sogar schon klar zu unterscheiden. Geistige Warnungen, etwa durch bewusste Verbindungen mit den »Toten«, sind alles Einwirkungen des astralen Körpers aus der astralen Welt. Wegen der in diesem Körper noch gering entwickelten Organisation sind diese Verbindungen noch unbestimmt und matt, aber jene, welche die vollkommene Entwicklung dieses Körpers bewerkstelligt haben, sind sowohl frei von den Einwirkungen der astralen Welt als auch von denen der physischen. Der dritte Zustand der Materie, das Mentale, ist ebenfalls im Wachstum begriffen und bringt den Menschen in Berührung mit der ihn umgebenden intellektuellen Welt. Je nachdem wie sich der mentale Körper entwickelt, kommt der Mensch in bewusste Verbindung mit unterschiedlichsten mentalen Strömen, etwa mit

Perlen der Weisheit

den Gedanken seiner nächsten Mitmenschen oder mit entfernten »Lebenden« und »Toten«.

Nach diesem Schritt gilt es noch die spirituelle Welt für die Menschen zu erringen, und sie verfügen auch über den dafür notwendigen Träger, den »spirituellen Körper«, von dem Paulus spricht.

Die dem Menschen in der großen Werkstätte der Welten zugewiesene Arbeit ist es, diese Organisation des Stoffes zum Diener des Geistes zu machen, und wenn das menschliche Stadium vorüber ist, dann gibt es nichts mehr im Sonnensystem, das er nicht fähig wäre, zu wissen oder zu beeinflussen. Er kam aus Gott hervor, absolut rein, aber unwissend und nutzlos außerhalb der feineren Regionen seiner Geburt; nach einer langen Pilgerfahrt kehrt er nun zurück, als weiser und starker Sohn Gottes. Er ist bereit, seinen Teil als Diener des göttlichen Willens durch alle Zeiten in immer größer werdenden Gebieten des Dienstes beizutragen.

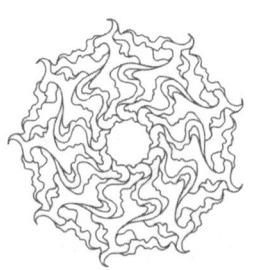

KAPITEL IV
DER MENSCH UND SEINE STERBLICHEN KÖRPER

Die Welten, in denen der Mensch sich während des Kreislaufs seiner Geburten und Tode entwickelt, bestehen aus drei Sphären: Der physischen Welt, der astralen oder Zwischenwelt sowie der mentalen oder himmlischen Welt. In dieser ersten lebt er von der Geburt bis zum Tod sein waches Tagesleben, in den beiden letzteren lebt er von der Geburt bis zum Tod in seinem schlafenden Nachtleben und auch für eine Weile nach seinem Tod. In letztgenannte Welt tritt er gelegentlich, aber selten, während seines schlafenden Nachtlebens in einer Art Trance ein, und in ihr bringt er den wichtigsten Teil seines Lebens nach dem Tod zu, welche Zeit sich verlängert, je mehr er sich entwickelt. Die drei Körper, in denen er in diesen Welten tätig ist, sind alle sterblich, sie werden geboren und vergehen wieder. Sie vervollkommnen sich Leben um Leben und werden mehr und mehr würdig, als Instrumente des sich entfaltenden Geistes zu dienen. Sie sind die aus dichterem Stoff gemachten Nachbildungen der unsterblichen spirituellen Körper, die unberührbar durch Geburt und Tod sind und die Bekleidung des Geistes in den höheren Welten bilden, wo der Mensch als spirituelles Wesen lebt, während er hier als Mensch des Fleisches sein Dasein führt. Von diesen unsterblichen spirituellen Körpern spricht Paulus, wenn er sagt: »Wir wissen, dass, wenn unser irdisches Haus dieses Tabernakels aufgelöst würde, wir doch ein Haus Gottes haben, ein Haus, nicht mit Menschenhänden gemacht, das ewig im Himmel ist. Denn in unserem irdischen Haus stöhnen und jammern wir und wünschen voll Sehnsucht in unser himmlisches Haus zu kommen.« (2 Kor 5,1-2) Dies sind die unsterblichen Körper, mit ihnen werden wir uns in einem späteren Kapitel dieses Buches noch beschäftigen.

 Die drei sterblichen Körper sind: Der physische, der astrale und der mentale, und sie stehen im Einzelnen mit den bereits erwähnten Welten in Beziehung.

DER PHYSISCHE KÖRPER

Dieser ist zurzeit der am höchsten entwickelte Körper des Menschen und derjenige, der uns allen bestens vertraut ist. Er besteht aus festem, flüssigem, gasförmigem und ätherischem Stoff, wovon die ersten drei Arten intelligent in Zellen, Geweben, und Organen organisiert sind, die es dem Bewusstsein ermöglichen, die äußere Welt wahrzunehmen, während die letzte Art Stoff Wirbelbewegungen besitzt, durch welche die Kräfte sich ergießen. Da der ätherische Teil des Körpers sich beim Tod von den festen, flüssigen und gasförmigen Teilen trennt, teilt man die Materie des physischen Körpers wieder in dicht und ätherisch ein. Der erstere Teil ist aus den Organen zusammengesetzt, die empfangen und wirken; der letztere Teil ist das Medium der Lebenskräfte, die er auf den dichteren Teil überträgt. Irgendein gewaltsames Trennen der dichten Teile von den Ätherteilen dieses physischen Körpers während des physischen Lebens ist schädlich; ist der Ätherteil durch Betäubungsmittel abgetrennt, so sucht sich derselbe einen neuen Aufenthalt und nimmt seinen Sitz in solchen Organisationen, die man im Allgemeinen »mediumistisch« nennt. Getrennt von seinem dichteren Kameraden ist er hilflos und unbewusst, eine dahinschwebende Wolke mit Kraft-Zentren, nutzlos, wenn nichts vorhanden ist, auf welches er seine Kräfte übertragen kann, und den Einwirkungen von außen unterworfen, die ihn als Matrix zur Materialisierung benutzen können. Er kann sich von dem dichteren Teil des Körpers nicht weit entfernen, denn der letztere ginge zu Grunde, wenn seine Verbindung mit dem Ätherteil getrennt würde. Ist dies der Fall, dann »stirbt« der dichtere Teil, und die Lebenskräfte, die seine Tätigkeit erhalten, ergießen sich nicht mehr in ihn. Selbst dann aber schwebt der Ätherteil oder das ätherische Doppelwesen in der Nähe seines Lebensgefährten und ist eine »Erscheinung« oder ein »Schatten«, der manchmal nach dem Tod über Gräber schwebend zu sehen ist. Der physische Körper als Ganzes ist das Medium des Menschen für die Verbindung mit der physischen Welt und wird aus diesem Grund manchmal »Handlungsträger« genannt. Er empfängt auch Schwingungen aus den feineren Welten, und wenn er fähig ist, dieselben wieder hervorzubringen, so »fühlt« und »denkt« er, indem sein Nervensystem so eingerichtet ist, dass er diese Vibrationen im physischen Stoff wieder hervorbringt. So wie die unsichtbare Luft durch starkes Vibrieren das dichtere Wasser zum Kräuseln bringt, so wie das unsichtbare Licht die Stäbchen und Zäpfchen der Netzhaut in Tätigkeit versetzt, so wirkt auch der unsichtbare Stoff der feineren Welten auf unseren physischen Körper ein, auf den ätherischen wie auf den dichten Teil. So wie die Entwicklung fortschreitet und der physische Körper sich entwickelt, sich immer feinere und feinere Zusammensetzungen aus den Stoffen der äußeren Welt aneignet, so wird er im Verhältnis auch allmählich immer empfänglicher für schnellere, vi-

brierende Wellen, und mehr und mehr wird
der Mensch »sensitiv«. Die diesen Prozess
betreffende Entwicklung besteht zum großen Teil in einer fortwährend zunehmen-
den Empfindlichkeit des Nervensystems für
Einwirkungen von außen. Der Gesundheit
wegen muss aber diese Empfindlichkeit innerhalb der Grenzen der Dehnbarkeit bleiben,
das Nervensystem muss nach der Störung
also sofort wieder seinen normalen Zustand
zurückgewinnen. Ist dieser Zustand vorhanden, so steht die Empfindlichkeit auf der
Spitze der Entwicklungswelle und ermög-
licht die Offenbarung eines Genies. Ist der
Zustand nicht vorhanden, wird das seelische
Gleichgewicht nicht rasch und von selbst wiederhergestellt, dann ist die Empfindlichkeit
ungesund, führt zu Degenerierung und letztlich, wenn dem Geschehen nicht Einhalt ge-
boten wird, zum Wahnsinn.

DER ASTRALKÖRPER

Die Entwicklung dieses Körpers differiert bei
verschiedenen Personen ganz außerordent-
lich, aber in allen ist es der Körper, aus dem
Gefühle des Vergnügens und des Schmerzes
kommen, der durch Leidenschaft, Wünsche
und Gemütsbewegungen in Tätigkeit gesetzt
wird und in welchem die Zentren der Sinnes-
organe sich befinden. Wenn die Leidenschaften, Wünsche und Gemütsbewegungen niedriger Natur sind, sinnlich oder gar tierisch,
dann ist ihr Stoff ordinär und ihre Schwingungen folglich verhältnismäßig langsam.
Ihre Farben sind dunkel und ohne Anzie-
hungskraft – braun, dunkelrot, grün und deren Kombinationen. Von Zeit zu Zeit leuchten
sie mit scharlachroten Blitzen! Mit dem Fort-
schreiten der Entwicklung wird auch der Stoff
feiner, die Farben klarer, reiner und glänzen-
der.

Gänzlich umgestaltet ist die gewöhnliche
Erscheinung des Astralkörpers bei einem ver-

liebten Menschen, da ein anderes menschliches Wesen den Mittelpunkt in der Welt des letzteren bildet. Egoismus, Betrug und Zorn sind verschwunden, und eine immense Zunahme der roten Farbe der Liebe ist zu bemerken. Es gibt wohl auch andere, nicht wünschenswerte Farbwechsel dabei, aber es ist ein goldenes Tor für den, der es erlebt, und seine Schuld ist es, wenn es sich wieder schließt.

Diesen Körper benötigen wir in unseren wachen Stunden; und in gebildeten, verfeinerten Menschen hat er bereits ein höheres Stadium von Evolution erreicht. Sein feinerer Stoff ist in enger Fühlung mit dem ordinären Stoff des mentalen Körpers, und die beiden arbeiten fortwährend zusammen, in steter Rückwirkung aufeinander.

Während des Schlafes schlüpft der Astralkörper in Begleitung der geistigen und höheren Körper aus dem physischen, und bei den beschriebenen Menschen funktioniert darin das Bewusstsein, solange der physische Körper schläft. Wir lernen viel während unseres Schlafes, und die dadurch erhaltene Kenntnis sickert langsam in unser physisches Gehirn und ruft dort gelegentlich den Eindruck eines lebhaften Traumes hervor. Der größte Teil des Bewusstseins in der Astralwelt kümmert sich jedoch wenig um Vorgänge in dieser Welt, sondern ist hauptsächlich mit seinen eigenen Gedanken und Gefühlen beschäftigt. Doch ist es möglich, das Bewusstsein nach außen zu lenken und so Kenntnis von der Astralwelt zu gewinnen. Verbindungen mit Freunden, die ihre physischen Körper durch den Tod verloren haben, sind dort fortwährend wiederhergestellt. Die Erinnerung kann zum wachen Bewusstsein zurückgebracht und so die sonst durch den Tod entstandene Lücke überbrückt werden.

Warnungen, Vorahnungen, das Gefühl von der Anwesenheit unsichtbarer Wesen und viele damit verbundene Erfahrungen sind auf die Tätigkeit des Astralkörpers und seine Rückwirkung auf den physischen Menschen zurückzuführen. Die immer häufiger werdenden Fallbeispiele dieser Erlebnisse sind das Resultat der astralen Entwicklung bei gebildeten Personen. In einigen Generationen wird diese Fähigkeit so allgemein verbreitet sein, dass man ebenso vertraut mit dem astralen wie mit dem physischen Körper sein wird.

Nach dem Tod leben wir für einige Zeit in dem schon während unseres Erdenlebens benutzten Astralkörper in der Astralwelt, und je mehr wir lernen, ihn jetzt schon zu kontrollieren und weise zu benutzen, umso besser wird es für uns nach dem Tod sein.

DER MENTALKÖRPER

Dieser Körper, der aus feinerem Material als der Astralkörper besteht, ist der Körper, welcher auf unsere Gedanken durch seine Schwingungen reagiert. Jeder Wechsel der Gedanken verursacht eine Vibration in unserem Mentalkörper, und diese, durch den Astralkörper auf den physischen übertragen, versetzt den Nervenstoff unseres Gehirns in Tätigkeit. Diese Tätigkeit verursacht in den Nervenzellen viele elektrische und chemische Veränderungen, aber es ist die Gedankenaktivität, die sie verursacht, nicht umgekehrt, wie es die Materialisten noch immer annehmen.

Ähnlich dem Astralkörper ist auch der mentale Körper in den Menschen sehr verschieden. Er ist aus gröberem oder feinerem Stoff zusammengesetzt, je nachdem wie es das Bedürfnis des mit ihm zusammenhängenden mehr oder weniger entfalteten Bewusstseins verlangt. Bei Gebildeten ist er tätig und harmonisch geordnet, bei weniger entwickelten Personen ist er wolkig und noch nicht völlig ausgeformt. Sein von der Mentalebene genommener Stoff ist jener der Himmelswelt, er ist fortgesetzt tätig, denn der Mensch denkt wachend wie auch im Schlaf, wenn er außerhalb des physischen Körpers weilt, oder nach dem Tod. Er lebt vollständig in Gedanken und Gemütsbewegungen, wenn er die Astralwelt hinter sich lässt und in den Himmel eingeht.

Da dies der Körper ist, in dem der Mensch Jahrhunderte in der Himmelswelt zubringt, ist es natürlich nur vernünftig, schon auf Erden zu versuchen, diesen Körper so weit als möglich zu entwickeln. Die Mittel hierzu sind Studien, Schulung des Denkvermögens, die Läuterung des Charakters, Gebete und vor allem regelmäßige Meditation. Das Einsetzen dieser Mittel bedeutet eine rasche Evolution des Mentalkörpers und eine immense Bereicherung des himmlischen Lebens. Böse Gedanken aller Arten beschmutzen und verwunden ihn, und wenn sie nicht aufhören, entwickeln sie wahre Krankheiten und Lähmungen des mentalen Körpers, die während dessen ganzer Lebensdauer nur schwer heilbar sind.

Dies sind die drei sterblichen Körper des Menschen. Er wirft den physischen Körper beim Tod ab, und den Astralkörper, wenn er bereit ist, in die himmlische Welt einzutreten. Wenn er sein himmlisches Leben beendet hat, wird er auch seinen Mentalkörper ablegen und zu einem in seinen unsterblichen Körper gekleideten Geist werden. Während seiner Rückkehr auf die Erde zu einer neuen Inkarnation wird ein neuer mentaler Körper und ebenso ein seinem Charakter angepasster neuer Astralkörper gebildet, diese vereinigen sich mit seinem physischen Körper- und so tritt er mit der Geburt in eine neue Periode sterblichen Lebens ein.

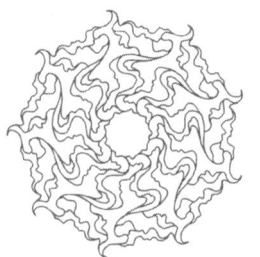

KAPITEL V
DIE UNSTERBLICHEN KÖRPER DES MENSCHEN

»Wir haben ein Haus von Gott, ein Haus, nicht von Händen gemacht, das ewig im Himmel ist«, sagt der große Eingeweihte Paulus, »denn in unserem irdischen Haus stöhnen und jammern wir und wünschen sehnsüchtig, in unser himmlisches Haus zu kommen.« (2 Kor 5,1-2) Dieses himmlische Haus ist es, das aus des Menschen unsterblichen Körpern gebaut ist. Es ist die Wohnstätte des Geistes durch unendliche Zeiten, der Wohnplatz des Menschen selbst, während seiner Geburten und Tode, während der unermesslichen Periode seines offenbaren unsterblichen Lebens.

Der Geist, der »aus Gott entsprossen« ist, verbleibt immer und ewig im Vater, im wahren Sinne des Wortes ein Sohn Gottes, Teilnehmer an Seinem ewigen Leben. Gott schuf den Menschen, »damit er das Bildnis seiner eigenen Ewigkeit sei«.

Diesen Geist nennen wir die *Monade*, weil sie eine Einheit, das wirkliche Wesen des Selbst ist. Steigt die Monade in den Stoff hinab, um ihn zu überwinden und zu spiritualisieren, dann eignet sie sich ein Atom von jeder der drei höheren Welten an, um davon den Kern ihrer drei höheren Körper – des geistigen, des spirituellen und des mentalen – zu bilden. An diese drei Atome bindet sie auch noch durch einen Faden spirituellen (buddhischen) Stoffes ein Partikel von jeder der drei niederen Welten, die den Kern der drei niederen Körper bilden.

Lange Zeiten brütet sie darüber, während ihre zukünftigen sterblichen Körper, ganz sanft von ihrem Leben berührt, langsam durch die mineralischen, pflanzlichen und tierischen Reiche aufwärts klimmen. Unterdessen bilden kleine Anhäufungen des Stoffes der drei höheren Welten einen Kanal für ihr Leben, und wenn die tierische Form den Punkt erreicht hat, wo das emporrankende Leben stark genug an die höheren appelliert, dann sendet die Monade einen darauf reagierenden Impuls ihres Lebens – und der kausale Körper ist wie ein Lichtblitz geformt. Das Wesen ist dann als Mensch für das Leben in der niederen Welt individualisiert.

Der geistige Körper (Atman) ist nichts als ein Atom seiner erhabenen Welt, der feinste Hauch von Stoff, eine Verkörperung des Geistes, »fleischgewordene Gottheit« im wirklichen Sinne. Die Gottheit taucht in den Ozean des Stoffes ein, ist aber nicht weniger göttlich, weil sie verkörpert ist. Nach und nach werden in diesem geistigen Körper die reinen Resultate aller Erfahrungen, wie sie in der Ewigkeit aufgespeichert sind, aufgenommen, während die beiden niederen unsterblichen Körper allmählich in ihm aufgehen. Letztlich wird die glorreiche Bekleidung des bewusst göttlichen Menschen vollkommen sein.

Der geistige Körper (Buddhi) hat seinen Ursprung in der zweiten offenbarten Welt, der Welt reiner spiritueller Weisheit, Erkenntnis und Liebe. Er wird manchmal der »Körper Christi« genannt, da es dieser ist, welcher bei der ersten großen Einweihung zur Tätigkeit geboren wird, und der auf dem Pfad der Heiligkeit sich »in vollem Maß der Gestalt Christi gemäß« (Eph 4,13) entwickelt. Dieser Körper nährt sich von allen erhabenen und liebenden Bemühungen, durch reines Mitleid und eine alles umschließende Zärtlichkeit und Barmherzigkeit.

Der Kausalkörper ist das höhere Selbst, durch welches der Mensch die Eigenschaften von der Sache selbst (Idee) trennt. In dieser Welt erfasst er die Wahrheit durch das Erkenntnisvermögen, nicht durch Berechnung. Vom niederen Geist werden nur deshalb Methoden entlehnt, um in der niederen Welt abstrakte Wahrheiten aufzustellen, die er selbst a priori kennt. Den Menschen in diesem Körper bezeichnet die Theosophie als *Ego*, und wenn dieser Körper sich mit dem über ihm stehenden verbindet, wird der Mensch das *spirituelle Ego* genannt, das bereits beginnt, seine eigene Göttlichkeit zu verwirklichen. Dieser Körper wird durch abstraktes Denken, durch Meditation und durch Leidenschaftslosigkeit entwickelt. Von Natur aus zur Absonderung strebend, da er das Instrument der Individualisierung ist, muss er stark und sich selbst erhaltend werden, um dem feinen spirituellen Körper, mit dem er sich verbinden soll, die notwendige Festigkeit zu geben.

Dies sind die unsterblichen Körper des Menschen. Sie sind weder Geburt noch Tod unterworfen. Sie bilden das fortwährende Gedächtnis aus, welches das Wesen der Individualität ausmacht. Sie sind die Schatzhäuser von allem, was Unsterblichkeit verdient, in sie kann »nichts, was unrein macht«, eintreten. Sie sind die ewige Wohnstatt des Geistes. In ihnen ist das Versprechen verwirklicht: »Ich will darin wohnen und mich darin ergehen.« (2 Kor 6,16) Und sie erfüllen das Gebot Christi: »Dass sie auch sein mögen Eins in Uns.« (Joh 17,21) Sie rechtfertigen den triumphierenden Ausruf des Hindus: »Ich bin Du.«

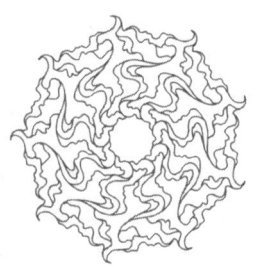

KAPITEL VI
DAS GESETZ VON
DER WIEDERGEBURT

REINKARNATION
IN DER VERGANGENHEIT

Es gibt vielleicht keine philosophische Lehre
in der Welt, die einen so großartigen intellektuellen Stammbaum hat wie jene der Reinkarnation: Die Entfaltung des menschlichen Geistes durch wiederkehrende Leben auf
Erden, wo Erfahrungen gesammelt und zu
intellektuellen Fähigkeiten und Bewusstsein
während des Lebens im Himmel verarbeitet werden, so dass ein Kind geboren werden
kann, dessen Erfahrungen in früheren Leben
in seinem jetzigen in geistige und moralische
Neigungen und Kräfte verwandelt worden
sind. Wie Max Müller ganz richtig bemerkt:
Die größten von der Menschheit hervorge-
brachten Geister haben die Reinkarnationsidee

als Tatsache angenommen. Reinkarnation wird in den großen Epen der Hindus als eine unzweifelhafte Tatsache, auf der die ganze Moral beruht, gelehrt und veranschaulicht. Die gesamte großartige, die Bewunderung aller europäischen Lehrer bildende spirituelle Literatur Asiens ist davon durchdrungen. Buddha lehrte sie und sprach wiederholt von seinen Geburten in früheren Zeiten. Pythagoras tat dasselbe, und Platon berichtet davon in seinen philosophischen Schriften. Flavius Josephus überliefert, dass sie auch unter den Juden ihre Anhänger hatte. Er erzählt die Geschichte eines Hauptmanns, der seine Soldaten anfeuert, bis zum Tod zu kämpfen, indem er sie daran erinnert, dass sie wieder zur Erde zurückkehren würden. Im *Buch der Weisheit* von Salomon wird berichtet, dass, wenn man in einen reinen Körper käme, dies die Belohnung dafür darstelle, dass man früher »gut« gewesen sei. Christus erzählte seinen Jüngern, dass Johannes der Täufer einst Elias war. Virgil und Ovid nahmen Reinkarnation als feststehend an. Die Neuplatonisten vertraten sie, und

Origenes, der gelehrteste der frühchristlichen Kirchenväter, erklärte, dass »jeder Mensch einen Körper entsprechend seinem Verdienst und seinem früheren Tun erhalte«.

Die gnostischen Sekten bewahrten, obgleich von einem römisch-katholischen Konzil verurteilt, dennoch ihre alte Überlieferung. Und aus dem Mittelalter kommt es von einem gelehrten Sohn des Islams zu uns, der sagt: »Ich verging als Stein und wurde zur Pflanze; ich verging als Pflanze und wurde zum Tier; ich verging als Tier und wurde zum Menschen. Warum sollte ich mich zu sterben fürchten? Wann wurde ich weniger durch den Tod? Ich werde als Mensch sterben und ein Engel werden.« In späteren Zeiten finden wir den Reinkarnationsgedanken von Goethe, Fichte, Schelling und Lessing gelehrt, um nur einige der deutschen Denker zu nennen. In seinen alten Tagen freute sich Goethe auf seine Rückkehr. Hume erklärte, dass die Lehre der Unsterblichkeit die einzige sei, die der Betrachtung eines Philosophen wert wäre, eine Ansicht, die ähnlich derjenigen des britischen Professors McTaggart ist, der bei einer kürzlich vorgenommenen Zusammenstellung der verschiedenen Theorien der Unsterblichkeit zu dem Schluss kam, dass die Reinkarnation die vernünftigste Vorstellung wäre. Ich brauche wohl niemanden, der literarisch gebildet ist, daran zu erinnern, dass Wordsworth, Browning, Rosetti und andere Dichter daran glaubten. Das Wiederauftauchen der Reinkarnationslehre ist also nicht das Hervorbrechen eines Glaubens von Wilden unter zivilisierten Nationen, sondern ein Zeichen der Gesundung von einer zeitweisen geistigen Verirrung im Christentum, von einer Unvernünftigkeit in der Dogmatik dieser Religion, die so viel Böses hervorgebracht hat und die Ursache für so viel Skeptizismus und Materialismus war. Die Behauptung, dass für jeden neuen Körper eine Seele gesondert geschaffen werden müsse, wonach also das Werden einer Seele von der Bildung eines Körpers abhänge, führt unvermeidlich zu dem Schluss, dass mit dem Tod des Körpers auch die Seele vergeht; denn dass eine Seele ohne Vergangenheit eine ewig währende Zukunft haben solle, ist so undenkbar wie ein Stock mit nur einem Ende.

Nur eine ungeborene Seele kann hoffen, unsterblich zu sein. Das Verleugnen der Lehre von der Reinkarnation – mit dem Ersatz eines zeitweiligen Fegefeuers als Strafe für getanes Böses und einem zeitweiligen Himmel für die Verwandlung von Erfahrung in Fähigkeit – brachte die Idee eines ewigen Himmels, für den niemand gut genug ist, und einer ewigen Hölle, für die niemand schlecht genug ist, hervor. Es beschränkte die menschliche Evolution auf ein wertloses Fragment von Existenz, hing eine ewigwährende Zukunft an den Inhalt der paar Jahre des Erdenlebens und machte dieses zu einer unverständlichen Verwicklung von Ungerechtigkeit und Parteilichkeit, von unverdientem Genie und unverdientem Verbrechertum. Es bleibt ein unerträgliches Problem für die Denkenden und ist nur für die Blinden und Gläubigen ohne Vernunft erträglich.

REINKARNATION
UND IHRE NOTWENDIGKEIT

Es gibt nur drei Erklärungen für die Ungleichheit der Menschen hinsichtlich ihrer Fähigkeiten, Gelegenheiten oder Lebensumstände:

Besondere Erschaffung durch Gott, wonach der Mensch völlig hilflos ist, da sein Schicksal durch einen unberechenbaren Willen bestimmt wird.

Vererbung, wie von der Wissenschaft angenommen, wonach der Mensch so hilflos wie in ersterem Fall ist, da er das Resultat einer Vergangenheit darstellt, über die er keine Kontrolle hatte.

Reinkarnation, wonach der Mensch Herr seines Schicksals werden kann, da er das Resultat seiner eigenen individuellen Vergangenheit ist: Er ist das, zu was er sich selbst gemacht hat!

Besondere Erschaffung als Erklärung für die uns umgebenden Zustände ist von allen denkenden Leuten verworfen worden, ausgenommen für den wichtigsten Zustand von allen, den Charakter, mit dem, und die Umgebung, in der ein Kind geboren wird. Evolution wird als fest-stehende Tatsache angenommen, mit Ausnahme im Leben jener spirituellen Intelligenz, die Mensch genannt wird. Dieser hat keine indivi-duelle Vergangenheit, obgleich er eine indivi-duelle unendliche Zukunft hat. Der Charakter, den er mit sich bringt – von dem mehr als von allem anderen sein Schicksal auf Erden abhängt – ist, gemäß dieser Hypothese, speziell für ihn von Gott geschaffen und ihm, ohne ihm eine Wahl zu lassen, mitgegeben. Aus dem Lostopf der Schöpfung mag er einen Treffer oder eine Niete ziehen. Die Niete, in einer Verurteilung zum Elend bestehend, welcher Art es auch sei, muss er dann tragen. Hat er das Glück, eine gute Veranlagung, gute Fähigkeiten, eine edle Natur zu ziehen, umso besser für ihn; denn er hat gar nichts dazu beigetragen, sie zu verdie-nen. Zieht er aber einen angeborenen Hang zum Verbrechertum, eine Erbkrankheit, Dummheit oder Alkoholismus, umso übler für ihn, denn er hat nichts getan, sie zu verdienen. Wenn fort-währender Segen über den einen ausgegossen, dagegen fortwährende Qualen über den anderen verhängt werden, so muss der Unglückliche sein schweres Schicksal ertragen, mag er wollen oder nicht. Hat nicht der Töpfer die Macht über den Ton? Es ist nur bedenklich, wenn der Ton empfindsam ist.

In anderer Hinsicht wieder ist gesonderte Neu-Erschaffung grotesk. Ein Geist wird neu erschaffen, für einen Körper, der vielleicht einige Stunden nach der Geburt stirbt. Hat das Leben irgendeinen erzieherischen oder sonstigen Wert, so muss dieser Geist für immer umso mehr dafür bedauert werden, dass er sein Leben nicht erleben konnte, denn die verlorene Gelegenheit kann niemals mehr nachgeholt werden. Hat auf der anderen Seite das Leben keinerlei wichtige Bedeutung und bringt nur die Gewissheit von vielem Bösen und die Möglichkeit eines immerwährenden Leidens mit sich, so ist der Geist, der in einen alt werdenden Körper eintritt, hart behandelt worden, denn er muss viel Schlimmes, dem der andere entgangen ist, durchleben ohne irgendeinen Vorteil – und am Ende kann er noch für immer verdammt werden.

Die durch dieses Seelenkonzept mögliche Liste von Ungerechtigkeiten könnte ins Unendliche weitergeführt werden, denn es enthält alle denkbaren Unzulänglichkeiten. Dadurch wurden Myriaden zu Atheisten, da sich jede Intelligenz und jedes Gewissen dagegen auflehnt. Es bringt den Menschen in die Stellung eines unsterblichen Gläubigers Gottes, der zähneknirschend fragt: »Warum hast du mich so gemacht?«

Die Hypothese der Wissenschaft ist nicht so blasphemisch wie jene von der Neu-Erschaffung der Seele, aber Vererbung allein erklärt nur den Körper, sie wirft kein Licht auf die Evolution der Intelligenz und des Bewusstseins. Der Darwinismus versuchte, diese mit einzubeziehen, versagte aber kläglich bei der Erklärung, wie die sozialen Tugenden im Ringen um die Existenz entwickelt werden konnten. Kinder erleben zudem die Fülle ihrer physischen Kraft, während die intellektuellen und moralischen Eigenschaften ihrer Eltern noch ungereift sind. Studien haben zudem gezeigt, dass angeeignete Eigenschaften

nicht übertragbar sind. »Genius« ist unfrucht-
bar, sagt die Wissenschaft und läutet damit
die Totenglocke menschlichen Fortschritts,
wenn Vererbung seine bewegende Kraft ist.
Intelligenz und Zeugungsvermögen stehen in
umgekehrtem Verhältnis: Je niederer die soziale Stufe, auf der die Eltern stehen, umso
größer ist deren Zeugungsfähigkeit. Mit der
Entdeckung, dass angeeignete Eigenschaften
nicht übertragbar sind, ist die Wissenschaft
an einem toten Punkt angekommen. Sie kann
für die Tatsachen von hoher Intelligenz und
heiligem Leben keine überzeugende Erklärung
liefern. Das Kind eines Heiligen mag ein
Verbrecher sein; das Kind eines Genies ein
Einfaltspinsel. Genie »kommt aus der Luft«.
Dieser Stolz der Menschheit scheint vom
wissenschaftlichen Standpunkt aus außerhalb des Gesetzes der Kausalität zu liegen. Die
Wissenschaft sagt uns nicht, wie man starke Geister und reine Herzen für die Zukunft
zu bilden vermag. Sie will uns ihre Ansicht
aufdrängen, aber sie lässt uns ohne Erklärung
über die Verschiedenheit des Schicksals des

Einzelnen. Sie sagt uns, dass der Säufer seinen Kindern für Krankheiten empfängliche Körper vererbt, aber sie sagt uns nicht, warum diese unglücklichen Kinder die Empfänger dieser elenden Erbschaft sind.

Reinkarnation gibt Gott die Gerechtigkeit und dem Menschen die Entscheidungskraft zurück. Jeder menschliche Geist tritt in ein menschliches Leben als Keim ein, ohne Kenntnis, ohne Unterschied. Durch angenehme wie schmerzhafte Erfahrung sammelt der Mensch Material und erbaut daraus geistige und moralische Fähigkeiten. Daher ist der ihm bei der Geburt mitgegebene Charakter selbst geschaffen und bezeichnet die Stufe, die er im Laufe seiner langen Entwicklung erreicht hat. Gute Veranlagungen, Begabungen und ein edler Charakter sind das Ergebnis zahlreicher harter Kämpfe, der Lohn schwerer und eifriger Arbeit. Das Gegenteil bezeichnet ein junges Stadium der Evolution, die geringe Entwicklung des spirituellen Keims.

Der *Wilde* von heute ist der *Heilige* der Zukunft. Alle gehen einen ähnlichen Weg, alle sind zu menschlicher Vervollkommnung aus-ersehen. Schmerz folgt auf Irrtum und ist immer wieder zu heilen. Kraft wird durch Anstrengung entwickelt. Wir ernten nach jeder Saat das unvermeidliche Resultat. Glück erwächst aus rechtem Handeln, Kummer aus unrechtem. Das kurz nach der Geburt sterbende Kind zahlt mit dem Tod eine Schuld aus früherem Leben und kehrt, nur kurze Zeit zurückgehalten, frei von seiner Schuld zur Erde zurück, um die für sein Wachstum nötigen weiteren Erfahrungen zu sammeln.

Soziale Tugenden bauen, obgleich sie den Menschen im Kampf ums Dasein ein Nachteil sein und vielleicht sogar zum Opfer seines physischen Lebens führen können, einen edlen Charakter für seine künftigen Leben und formen ihn zu einem Diener an der Menschheit.

Das Genie stellt das Resultat vieler in Anstrengung zugebrachter Leben dar, und die Unfruchtbarkeit des von ihm bewohnten Körpers beraubt die Zukunft nicht seiner Dienste, da er bei jeder Wiedergeburt umso größer zurückkehrt. Der durch eines Vaters Trunkenheit vergiftete Körper wird von einem Geistwesen angenommen, das durch eine Schule des Leidens lernen soll, sein irdisches Leben auf besseren als den in der Vergangenheit befolgten Grundsätzen aufzubauen. So erklärt in jedem Fall die Gegenwart des Individuums seine Vergangenheit, und wenn die Gesetze des Wachstums erkannt und befolgt werden, dann vermag ein Mensch mit sicherer Hand sein künftiges Schicksal zu formen, indem er sein Wachstum auf der Basis immerwährend zunehmender Weisheit regelt, bis er zum vollkommenen Menschen herangereift ist.

WARUM UNSERE VERGANGENEN LEBEN VERGESSEN WORDEN SIND

Kein Einwand wird, wenn über Reinkarnation gesprochen wird, öfter gehört als jener: »Wenn ich vorher schon hier war, warum kann ich mich dessen nicht erinnern?« Wenn man alle Tatsachen in Erwägung zieht, so wird die Frage gleich beantwortet sein.

Vor allen Dingen wollen wir die Tatsache notieren, dass wir von unserem jetzigen Leben mehr vergessen, als uns in der Erinnerung haften bleibt. Viele Leute können sich nicht erinnern, dass sie lesen gelernt haben, obwohl die Tatsache dadurch, dass sie lesen können, bewiesen ist.

Vorgänge aus unserer Kindheit und Jugend sind unserem Gedächtnis entschwunden, obwohl sie ihre Spuren in unserem Charakter zurückgelassen haben. Ein Sturz in der Kindheit ist vergessen – und doch ist der Gefallene möglicherweise noch behindert. Dies alles geschieht, obwohl wir den gleichen Körper noch benutzen, in dem wir die vergessenen Vorfälle durchlebt haben. Diese Ereignisse sind jedoch nicht vollständig von uns vergessen; denn wenn jemand in einen Trance-Zustand versetzt wird, können sie aus den Tiefen des Gedächtnisses wieder hervorgeholt werden, denn sie sind nur versunken, aber nicht zerstört. Es gab Fiebernde, die im Delirium eine in der Kindheit gekannte, im späteren Alter aber vergessene Sprache redeten. Viel von unserem Unterbewusstsein besteht aus diesen versunkenen Vorfällen, aus in den Hintergrund gedrängten, aber stets wieder erlangbaren Erinnerungen.

Wenn diese Vorkommnisse wahr sind, die uns in unserem jetzigen Körper begegnet sind, wie viel wahrhaftiger müssen die Vorfälle sein, die uns in unseren früheren Körpern zustießen, die vor vielen Jahrhunderten schon gestorben und verwest sind. Unsere jetzigen Körper und Gehirne haben in jenen weit zurückliegenden Ereignissen keinen Bestand gehabt, wie sollte also wohl das Gedächtnis sich durch sie geltend machen? Unser dauernder Körper, der während des ganzen Zyklus unserer Wiedergeburten bei uns bleibt, ist der kausale Körper. Die niederen Körperhüllen fallen ab und kehren, ehe wir wiedergeboren werden können, zu ihren Elementen zurück.

Der neue mentale, astrale und physische Stoff, in welchen wir für ein neues irdisches Leben gekleidet werden, empfängt von der spirituellen Intelligenz, die nur in den Kausalkörper gekleidet ist, nicht die detaillierten

Erfahrungen der Vergangenheit, sondern nur die aus diesen Erfahrungen entstandenen Eigenschaften, Neigungen und Fähigkeiten. Unser Gewissen, unser instinktives Reagieren auf emotionale und intellektuelle Regungen, unsere Anerkennung der Beweiskraft eines logischen Schlusses, unsere Zustimmung zu den Grundprinzipien von Recht und Unrecht, sie alle sind die Spuren vergangener Erfahrungen. Ein Mensch von geringer intellektueller Bildung kann keinen logischen oder mathematischen Beweis »sehen«, auch kann er die zwingende Kraft eines hohen moralischen Ideals nicht »fühlen«.

Wenn eine Philosophie oder Wissenschaft rasch erfasst und angewandt, wenn eine Kunst ohne Studium gemeistert wird, dann hat doch die Erinnerung die Macht, obgleich vergangene Tatsachen von Erlerntem vergessen sind Daher sagte Platon, alles Wissen sei Wiedererinnerung. Wenn wir bei dem ersten Zusammentreffen mit einem Fremden ein Vertrautsein fühlen, ist die Erinnerung da – unser Geist erkennt einen Freund aus vergangenen

Leben. Wenn wir mit starker Abneigung vor einem anderen Fremden zurückschrecken, ist die Erinnerung wieder da – unser Geist erkennt aus vergangenen Leben einen Feind.

Diese Verwandtschaften, man möchte sagen *Wahlverwandtschaften*, diese Warnungen und Abneigungen, sie alle entspringen der unsterblichen spirituellen Intelligenz in uns. Wir erinnern uns dessen, aber obgleich wir mit dem Gehirn arbeiten, können wir diese Erinnerungen nicht unserem Gedächtnis einprägen.

Der Mentalkörper und das Gehirn sind neu. Der Geist versieht das Gehirn mit den *Resultaten* der Vergangenheit, nicht aber mit den *Erinnerungen* an die Ereignisse während derselben. Wie ein Kaufmann, wenn er den Jahresabschluss macht, nicht alle alten Posten in das neue Buch überträgt, sondern nur die Salden, so gibt auch der Geist dem neuen Gehirn sein Urteil über die Erfahrungen vergangener Zeiten weiter, die Schlüsse, die er gezogen, die Entscheidungen, die er getroffen hat. Dies sind die dem neuen Leben mitgegebenen Vorräte, die geistige Ausstattung für die neue Wohnung – ein wirkliches Gedächtnis.

In einem hoch entwickelten Menschen sind diese reichhaltig und mannigfaltig. Verglichen mit dem Vorrat eines völlig Ungebildeten könnte man sagen, dass der Wert eines solchen Erinnerns einer langen Vergangenheit klar zu sehen ist. Kein Gehirn könnte die Erinnerungen über die Ereignisse in zahlreichen Leben in sich speichern. Wenn sie aber zu geistigen und moralischen Urteilen verdichtet sind, dann sind sie für uns verwendbar. Hunderte von Morden haben zu der Einsicht geführt: »Ich darf nicht töten.« Die Erinnerung eines jeden Mordes wäre eine nutzlose Bürde, aber das auf ihren Resultaten gegründete Urteil, der Respekt vor der Heiligkeit menschlichen Lebens, ist im Menschen die effektive Erinnerung an diese Morde.

Erinnerungen an vergangene Ereignisse kommen jedoch häufig zum Vorschein. Kinder haben gelegentliche flüchtige Einblicke, in denen ihre Vergangenheit, durch irgendeinen Vorfall in der Gegenwart zurückgerufen, an ihnen vorbeigleitet. Ein englischer Junge, der Bildhauer war, erinnerte sich daran, als er das erste Mal Statuen sah; ein indisches Kind erkannte einen Strom wieder, in dem es als kleines Kind in einem vorherigen Leben ertrunken war, und identifizierte auch seine frühere Mutter. Viele Fälle über eine solche Rückkehr der Erinnerung an Ereignisse aus vergangenen Leben sind überliefert.

Derartige Rückerinnerungen kann man sich überdies auch aneignen. Aber dies ist eine Sache steter Anstrengung und ausgedehnten Nachdenkens, wodurch die ruhelosen, immer nach außen strömenden Gedanken kontrolliert und beruhigt werden können, so dass sie für den Geist empfindsam und empfänglich werden und von ihm die Erinnerungen aus der Vergangenheit erhalten können. Nur wenn wir die leise Stimme des Geistes zu hören vermögen, kann die Geschichte unserer Vergangenheit entrollt werden, denn der Geist allein kann sich erinnern und die Strahlen seines Gedächtnisses herabsenden, um die

Dunkelheit der vergänglichen, niederen Natur, mit der er zeitweilig verbunden ist, zu erhellen.

Unter diesen Bedingungen ist die Rückerinnerung möglich, können aus der Vergangenheit herüberreichende Verbindungen verstanden, alte Freunde erkannt, einstige Szenen zurückgerufen werden, und eine feine innere Kraft und Ruhe erwächst aus diesem praktischen Beweis der Unsterblichkeit. Beschwerden und Trübsal der Gegenwart werden leichter, wenn man sie in ihrem wahren Verhältnis als triviale und vorübergehende Ereignisse in einem unendlichen Leben betrachtet. Freude, die uns die Gegenwart bietet, verliert ihre glänzenden Farben, wenn man sie als Wiederholung vergangener Freuden betrachtet; doch beide sind als nützliche Erfahrungen anzunehmen, die Gedanken und Herz bereichern und zum Wachstum des sich entfaltenden Lebens beitragen.

Nicht eher jedoch, als bis Freude und Schmerz im Licht der Ewigkeit gesehen worden sind, kann den Erinnerungen der Vergangenheit mit Sicherheit ins Antlitz geschaut werden; denn nur, wenn sie in diesem Licht betrachtet worden sind, können jene Erinnerungen die Gemütsbewegungen in der Gegenwart beruhigen, werden zur Stütze und zum Trost.

Goethe freute sich darauf, dass bei seiner Rückkehr ins irdische Leben seine Erinnerungen ausgelöscht sein würden, und auch geringere Männer als er können mit der von den Ergebnissen der vergangenen Leben bereicherten, mit den Erinnerungen an dieselben aber nicht beschwerten Weisheit, die jedes neue Leben auf seinen Weg bringt, zufrieden sein.

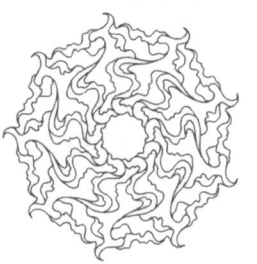

KAPITEL VII

DAS RÄTSEL VON LIEBE UND HASS

Für die große Mehrheit von uns bietet das Leben eine ganze Reihe von Verwicklungen und Rätsel. Verwicklungen, die wir nicht zu entwirren, Rätsel, die wir nicht zu lösen vermögen. Warum werden Leute geboren, deren geistige und moralische Fähigkeiten einen so großen Unterschied aufweisen? Warum verfügt ein Kind über ein Gehirn, von dem man auf großen Intellekt und Tatkraft schließen kann, während ein anderes ein Gehirn aufweist, das zu einer Reihe negativer Folgen führen wird? Warum besitzt ein Kind gute, liebende Eltern und lebt unter günstigen Umständen, während ein anderes verworfene Menschen zu Eltern hat, die sein Dasein verwünschen und es in der schmutzigsten Umgebung aufwachsen lassen? Warum ist dieser »glücklich«, jener »unglücklich«? Warum muss dieser alt, der andere jung sterben? Warum ist jemand durch »Zufälle« verhindert, ein Flugzeug oder einen Zug zu erreichen, die auf ihrer Fahrt verunglücken, während andere, oft Hunderte, hilflos dabei zugrundegehen? Warum mögen wir jemanden schon im ersten Moment, da wir ihn sehen, während uns andere ebenso prompt abstoßen? Solche Fragen tauchen fortwährend auf und bleiben zumeist unbeantwortet. Dabei sind die Erklärungen naheliegend, denn alle diese sogenannten Ungerechtigkeiten und Unbilligkeiten, diese »zufällig« scheinenden Ereignisse, sind nur die Resultate einiger einfacher, grundlegender Naturgesetze. Ein Verstehen dieser Gesetze, die solchen Ereignissen zugrunde liegen, macht das Leben verständlicher, gibt uns unser Vertrauen in die göttliche Ordnung der Dinge zurück und stärkt und ermutigt uns, den Wechselfällen des Glücks ins Auge zu sehen.

Unglücke, die uns wie »ein Blitz aus heiterem Himmel« treffen, sind schwer zu ertragen, aber Geschehnisse, die aus Ursachen entstehen, die wir begreifen und deshalb verfolgen können, vermögen wir mit Geduld und Ergebung aufzunehmen.

Das erste Prinzip, das erfasst sein muss, um es auf die Lösung der Probleme des Lebens anzuwenden, ist das der Reinkarnation. Der Mensch ist ein Geistwesen, ein lebendes, sich bewusstes Individuum, das aus diesem sich bewussten Leben in einem Körper aus sehr festem Stoff besteht. Das irdische Leben kann sich ohne einen Körper irgendeiner Art nicht entfalten. Es bedarf einer, wenn auch noch so feinen Form aus Stoff, die ihm eine separate Existenz in diesem Universum verschafft. Deshalb sind Körper oft als Träger bezeichnet worden, die das Leben tragen und es so individuell machen. Wenn nun dieses Geistwesen durch das Tor der Geburt in die physische Welt eintritt, so bekleidet es sich mit einem physischen Körper, gerade so wie ein Mensch, der sein Haus verlässt, sich mit Jacke und Schuhen bekleidet. Aber dieser physische Körper ist so wenig der Mensch, wie die Jacke und Schuhe der Körper sind, der sie trägt. So wie ein Mensch abgetragene Kleidung wegwirft und neue anzieht, so wirft auch der Geist einen abgenützten Körper ab und nimmt von einem anderen Besitz. Wenn der physische Körper abgenützt ist, so wirft der Mensch dieses physische Kleidungsstück ab und tritt durch das Tor des Todes in die »unsichtbare« Welt ein. Nach einer langen Periode der Ruhe und Erholung, während welcher die Erfahrungen des vergangenen irdischen Lebens verarbeitet und die Kräfte des Menschen insgesamt erhöht werden, kehrt dieser durch das Tor der Geburt wieder in die physische Welt zurück und nimmt einen seinen vermehrten Fähigkeiten angepassten Körper in Besitz. Als Millionen von Jahren zuvor Geistwesen, die Mensch werden sollten, in diese Welt kamen, waren sie nur Embryos, ähnlich Saatkörnern. Sie konnten weder gut noch böse unterscheiden, doch – als Geschöpfe Gottes – besaßen sie unendliche Möglichkeiten für ihre Entwicklung. Sie verfügten aber noch über keinerlei Fähigkeiten, ausgenommen die eines schwachen Reagierens auf äußere Reize.

Die in ihnen latent vorhandenen Kräfte

konnten erst durch die in der physischen Welt durchgemachten Erlebnisse zur Offenbarung gebracht werden. Durch Vergnügen und Schmerz, durch Freuden und Leiden, durch Erfolg und Misslingen, durch Genuss und Enttäuschung, durch gut oder schlecht getroffene Entscheidungen lernt der Geist seine Lektionen über die geistigen Gesetze und entwickelt so langsam, eine nach der anderen, seine Fähigkeiten für ein höheres Leben. Nach einem kurzen Hineintauchen in den Ozean menschlichen Daseins – eine Periode, die man allgemein eben »ein Leben« nennt – kehrt er, beladen mit gesammelten Erfahrungen, in die unsichtbare Welt zurück, wie ein Taucher aus dem Meer mit den Perlen einer Austern-Bank emporsteigt. In jener unsichtbaren Welt verwandelt er alle in dem soeben abgeschlossenen irdischen Leben gesammelten mentalen und moralischen Bausteine in mentale und moralische Kraft, indem er geistige Arbeit zu Fähigkeiten, Resultate misslungener Anstrengungen zu Kräften für späteren Erfolg, die Lektionen des Irrtums in Klugheit und

Vorsicht, vergangene Leiden in Geduld und die Summe dieser Erfahrungen in Weisheit verwandelt. Wie Eduard Carpenter so richtig sagte: »All die Schmerzen, die ich in dem einen Körper erlitt, wurden zur Macht, die ich in dem anderen benutzte.«

Wenn alles Gesammelte verarbeitet worden ist – wobei die Dauer des himmlischen Lebens von der Menge der gesammelten geistigen und moralischen Güter abhängig ist –, kehrt der Mensch zur Erde zurück. Unter Umständen, die gleich erklärt werden, wird er zu dem Volk, der Nation, der Familie gelenkt, die seinen nächsten physischen Körper zu liefern hat, und dieser Körper ist dann entsprechend seinen Bedürfnissen geformt, damit er ein passendes Instrument für seine Kräfte bildet. In dem neuen physischen Körper, der dem Leben in der unsichtbaren Welt folgt, beginnt er einen höheren, aber ähnlichen Zyklus, und so immer wieder und wieder, bis alle seine Möglichkeiten des menschlichen Inkarnationsweges zu aktiver Kraft und Macht geworden sind und er alle Lektionen, die das menschliche Leben lehren kann, gelernt hat. Auf diese Weise entfaltet sich der Geist – von Kindheit zur Jugend, von Jugend zur Reife – und wird ein individualisiertes Lebewesen unsterblicher Stärke und grenzenloser Nützlichkeit für den göttlichen Dienst. Der ringende und sich entfaltende Geist einer Menschheit wird der Hüter der folgenden Menschheit und bildet dann jene spirituellen Intelligenzen, welche die Entwicklungen der in späteren Zeiten ihrer eigenen nachfolgenden Welten leiten. Wir werden beschützt, unterstützt und belehrt von spirituellen Intelligenzen, die in Welten, unsagbar älter als unsere eigene, Menschen waren, und auch von hoch entwickelten Menschen unseres eigenen Zeitalters. Wir werden diese Schuld einst zurückzahlen, indem wir die menschlichen Völker und Geschlechter jener Welten schützen, unterstützen und belehren, die noch im Anfangsstadium ihres Werdens sind und sich darauf vorbereiten, in unfernen Zeiten die Heimat zukünftiger Menschen zu werden. Wenn wir uns von vielen unwissenden und groben, in ihren geistigen wie moralischen Fähigkeiten beschränkten Menschen umgeben sehen, so kommt dies daher, dass dies jüngere Menschen als wir sind, sozusagen unsere jüngeren Geschwister, und deshalb sollten wir ihnen mit Liebe und Hilfsbereitschaft, statt mit Bitterkeit und Hass entgegentreten. So wie sie jetzt sind, so waren wir in der Vergangenheit, und so wie wir sind, werden sie in der Zukunft sein, und so wie wir werden sie vorwärts schreiten durch unendliche Zeiten und Welten.

Dies ist das erste Grundprinzip, welches, auf die jetzt bestehende Lage angewandt, das Leben verständlich macht. Daraus lässt sich die Antwort auf eine der vorher gestellten Fragen ableiten: Warum gefällt uns jemand auf den ersten Blick, während uns ein anderer auf den ersten Blick abstößt? Auch alle anderen Fragen können in ungefähr derselben Weise beantwortet werden. Für die vollständige Beantwortung jedoch müssten wir auch das Zwillingsprinzip der Reinkarnation erfassen, nämlich das Karma-Gesetz, das Gesetz der Kausalität.

Dies kann in die allen vertrauten Worte zusammengefasst werden: »Was der Mensch sät, das wird er ernten.« Erweitert, verstehen wir diesen kurzen Grundsatz dahingehend, dass ein Mensch seinen eigenen Charakter bildet, indem er das wird, was der Inhalt seiner Gedanken ist, und dass er die Umstände seines zukünftigen Lebens durch die Wirkung seiner Taten auf andere Menschen selbst erschafft. In anderen Worten ausgedrückt: Wenn ich edel denke, werde ich nach und nach einen edlen Charakter für mich formen, wenn ich aber niedrig denke, wird sich auch ein niedriger Charakter bilden. »Der Mensch wird erschaffen durch Gedanken. Das, was er in einem Leben denkt, wird er selbst in dem nächsten.« Wenn das Gehirn fortgesetzt bei einer Kette von Gedanken verweilt, so formt sich eine Rinne, in der das Denkvermögen automatisch abläuft. Eine solche Gewohnheit des Denkens überlebt den Tod und wird, da sie zu einem menschlichen Ego gehört, auf das nachfolgende irdische Leben als mentale Neigung oder Fähigkeit übertragen. Ein regelmäßiges

Studium abstrakter Probleme (um ein ganz hohes Beispiel zu nehmen) wird dazu führen, dass sich in einem anderen irdischen Leben eine gut entwickelte Fähigkeit für abstraktes Denken zeigt, während ein oberflächliches, hastiges, von einem Gegenstand zum andern eilendes Denken einen unruhigen, schlecht kontrollierten Geist für die in der nächsten Welt folgende Geburt formen wird. Egoistisches, wenngleich niemals zur Ausführung gebrachtes Verlangen, Gelüste nach dem Eigentum anderer oder kleine Betrügereien in der Gegenwart formen den Dieb eines nachfolgenden irdischen Lebens. Heimlich genährter Hass und Rache sind die Saat, aus welcher der Mörder erwächst. Uneigennützige Liebe wiederum ergibt bei der Ernte den Philanthropen und den Heiligen; und jeder Gedanke des Mitgefühls trägt dazu bei, die sanfte und gutherzige Natur desjenigen zu formen, der »ein Freund aller Kreaturen« genannt wird. Die Kenntnis dieser Gesetze unveränderlicher Gerechtigkeit, der genauen Antwort der Natur auf jede Frage, befähigt einen Menschen, seinen Charakter mit absoluter Sicherheit zu bilden und mit Zuversicht und Geduld sich auf das edle Sein zu freuen, zu dem er sich nach und nach entwickeln wird.

Die Folgen unserer Einwirkung auf andere prägen die äußeren Umstände eines nachfolgenden Erdenlebens. Haben wir viel Glück und Freude um uns verbreitet, dann werden wir in sehr günstiger physischer Umgebung wiedergeboren oder gelangen in eine solche während des Lebens. Auf der anderen Seite aber, wenn wir überall, wohin wir kamen, nur Not und Elend verbreiteten, wird uns im nächsten Leben nur eine traurige Umgebung beschieden sein. Durch individuellen Kontakt kommen wir in Verwandtschaft zu anderen, und durch Wohltaten oder Beleidigungen schmieden wir uns goldene Fesseln der Liebe oder eiserne Ketten des Hasses. Dies ist Karma!

Mit diesen erklärenden Ideen im Bewusstsein können wir unsere Frage leicht beantworten: Die Verbindungen zwischen Egos, zwischen individualisierten Geistwesen, können in der Zeit nicht früher entstehen, bevor nicht die erste Trennung dieser Wesen seitens des Logos stattgefunden hat. In den mineralischen und vegetabilischen Reichen hat sich das in Steinen und Pflanzen befindliche Leben noch nicht zu individualisierter Existenz entwickelt. Das Wort »Gruppenseele« ist, da es eine Anzahl sich ähnlicher Organismen andeutet, verwendet worden, um die Idee dieses sich entwickelnden Lebens zum Ausdruck zu bringen. In dieser Weise wird eine ganze Gattung, zum Beispiel Gräser, durch eine einzige Gruppenseele belebt, die sich durch die Kraft ihrer während unzähliger physischer Umgestaltungen gesammelten Erfahrungen entwickelt. Die Erfahrungen aller Pflanzen fließen in das Lebewesen, das die Entwicklung der ganzen Ordnung fördert und beschleunigt. In dem Maß, wie die physischen Umgestaltungen sich mehr und mehr komplizieren, werden in der Gruppenseele Unterabteilungen aufgestellt. Jede derselben trennt sich nach und nach langsam ab, und die jeder dieser so geformten Unterabteilungen zugehörende Anzahl von Umgestaltungen vermindert sich in dem Maß, wie die Unterabteilungen sich vermehren. Im

Tierreich selbst setzt sich dieser Prozess der Spezialisierung von Gruppenseelen fort, und bei den höheren Säugetieren ist nur noch eine verhältnismäßig kleine Anzahl von Kreaturen durch eine einzige Gruppenseele belebt, denn die Natur arbeitet stets auf die Individualisierung hin. Die von allen gesammelten Erfahrungen sind in der Gruppenseele aufbewahrt und wirken aus dieser auf jedes neugeborene Tier ein. Sie erscheinen hier als das, was wir Instinkt nennen. Der Instinkt wirkt dahingehend, dass er das Küken antreibt, unter dem Flügel der Henne Schutz vor Gefahr zu suchen, oder den Biber anleitet, seinen Damm zu bauen. Die angehäuften, in der Gruppenseele aufbewahrten Erfahrungen unterrichten jedes Mitglied einer Gruppe. Wenn das Tierreich seine höchste Stufe erreicht hat, beleben die letzten Unterabteilungen der Gruppenseele nur eine einzelne Kreatur, bis endlich das göttliche Leben erneut in dieses nun für seine Aufnahme bereite Gefäß strömt. Das menschliche Ego wird geboren, und die Evolution der selbstbewussten Intelligenz beginnt.

Von der Zeit an, wo ein abgetrenntes Leben einen einzelnen Körper belebt, kann es mit anderen abgetrennten Leben, die ebenfalls in einem irdischen Träger wohnen, in enge Verbindung treten. Egos, welche in physischen Körpern leben, kommen miteinander in Berührung. Eine bloße physische Attraktion zieht vielleicht zwei in einem männlichen respektive weiblichen Körper wohnende Egos zueinander hin. Sie leben zusammen, haben gemeinsame Interessen und sind sehr eng verbunden. Man möchte sagen, sie verpflichten sich einander, und es gibt keinen Gerichtshof in der Natur, in dem derartige Verpflichtungen wieder annulliert werden können. Der Tod nimmt den einen Körper hinweg und dann den anderen, und beide sind nun in die unsichtbare Welt hinübergegangen; aber die auf dem physischen Plan eingegangenen Verpflichtungen und Schulden müssen in der Welt, zu der sie gehören, eingelöst werden. Deshalb müssen die beiden Egos einst im Erdenleben einander wieder treffen und die unterbrochene Beziehung erneuern. Die großen, das Gesetz von Karma vollziehenden Intelligenzen lenken die beiden zur Wiedergeburt in derselben Zeit, so dass sie sich gesetzmäßig wieder treffen müssen. Ist die eingegangene Schuld eine Schuld von Liebe und gegenseitigem Dienen, so werden die Egos sich zueinander hingezogen fühlen. Sie erkennen einander, wie zwei gute Freunde einander erkennen, obgleich jeder ein anderes Gewand trägt, und sie drücken sich die Hände, nicht als Fremde, sondern als Freunde. Ist die Schuld aus Hass oder Konflikt entstanden, fühlen sich die Egos abgestoßen, und über die Abgründe des einst verübten und erlittenen Unrechts betrachten sie sich als Feinde. Fälle dieser Art sind jedem Erdenmenschen bekannt, obgleich die ihnen zugrunde liegende Ursache unbekannt war. In der Tat wurde von diesem plötzlichen Gefallen und Missfallen unvernünftigerweise oft als »unbegründet« gesprochen, als ob in einer Welt von Gesetzen irgendetwas unbegründet sein könnte. Keinesfalls folgt aber daraus, dass Egos, die, wie oben erwähnt, verbunden sind, notwendigerweise genau in dem durch die Hand des Todes gestörten Verhältnis wieder vereinigt werden. Mann und Frau eines irdischen Lebens können in einem anderen als Bruder und Schwester derselben Familie, als Vater und Sohn, als Vater und Tochter oder in sonst irgendeinem verwandtschaftlichen Verhältnis wiedergeboren werden. Sie können auch als einander Fremde geboren werden, zum ersten Mal in der Jugend oder im gereiften Alter zusammentreffen und dann füreinander eine überwältigende Zuneigung fühlen. In wie kurzer Zeit vermögen wir innigst vertraut mit einem uns vorher Fremden zu werden, während wir neben anderen Menschen Jahre dahinleben und im Herzen Fremde bleiben! Woher diese merkwürdigen Wahlverwandtschaften, wenn sie nicht die Erinnerung der Egos an die Geliebten ihrer Vergangenheit sind?

»Ich fühle, als hätte ich dich mein ganzes Leben schon gekannt«, sagen wir zu einem Freund, den wir seit einigen Wochen besitzen, während andere, die wir ein ganzes Leben lang gekannt haben, uns Bücher mit sieben Siegeln bleiben. Die Egos kennen einander, mögen sich auch die Körper fremd sein, und alte Freunde drücken sich die Hände in vollkommenem Vertrauen und verstehen einander, und dies geschieht, obwohl das physische Gehirn noch nicht gelernt hat, jene in den feineren Körpern vorhandenen Gedächtniseindrücke in sich aufzunehmen. Diese sind noch zu fein, um Vibrationen in der dichten Masse des Gehirns zu verursachen und so Regungen des Bewusstseins im physischen Körper zu erwecken.

Manchmal ziehen die Ketten des Hasses und des Unrechts alte Feinde leider in eine Familie, um dort im Elend die bösen Resultate der gemeinschaftlichen Vergangenheit auszuarbeiten. Furchtbare Familientragödien haben ihre Wurzeln tief in der Vergangenheit, und viele der schauderhaften Fälle, in denen hilflose Kinder selbst von ihren eigenen Müttern gequält werden, sind alle begreifbar, wenn man weiß, dass die leidende Seele in dem jungen Körper dem sie jetzt quälenden Wesen in der Vergangenheit selbst Leid zugefügt hat. Sie muss jetzt durch eigene Erfahrung lernen, wie hart die Wege des Unrechts sind. In den Gedanken einiger Eltern mag hier eventuell die Frage entstehen: Wenn dies wahr ist, sollten wir denn dann unsere Kinder retten? Ganz sicher, in jedem Fall! Es ist unsere Pflicht, dass wir Leiden erleichtern, wo wir es finden, und uns darüber freuen, dass das Gesetz des Guten uns zum Vermittler seiner Gnade macht.

Eine weitere Frage mag aufkommen: Wie können diese Ketten des Bösen gebrochen werden? Wird das zugefügte Leid nicht ein neues Band schmieden, wodurch die grausame Mutter das Opfer und das nun gequälte Kind der Vergelter wird? Eine schwerwiegende Frage: »Hass wird zu keiner Zeit durch Hass aufgelöst«, spricht der Buddha, der das Gesetz kennt. Und er flüstert gleichzeitig das Geheimnis der Erlösung: »Den Hass besiegt die Liebe.« Wenn das Ego, das seine in der Vergangenheit durch begangenes Unrecht entstandene Schuld durch Leiden gebüßt hat, weise, tapfer und groß genug geworden ist, um in der Agonie des Körpers oder Geistes zu sagen: »Ich vergebe dir«, dann ist die Schuld getilgt und das durch Hass geschmiedete Band zerschmilzt für immer im Feuer der Liebe.

Die Bande der Liebe erstarken in jedem sich folgenden Erdenleben, in dem sich die beiden so verbundenen Egos die Hände reichen, und sie haben auch den Vorteil, dass sie im himmlischen Leben weiter erstarken, wohin die Ketten des Hasses nicht mitgeschleppt werden können. Egos, zwischen denen Hass besteht, berühren einander im himmlischen Leben nicht, sondern jedes tut, ohne in Kontakt mit dem Feind zu kommen, so viel Gutes, als es in sich haben mag.

Wenn es dem Ego gelingt, dem Gehirn seines physischen Körpers die Erinnerung an seine eigene Vergangenheit einzuprägen, dann ziehen diese Erinnerungen die Egos noch enger zueinander hin, und das Band, das sie zusammenhält, bekommt ein Gefühl der Sicherheit und Stärke, wie es kein Band eines einzelnen Lebens zu entfalten vermag. Tief und stark ist das glückliche Vertrauen solcher Egos, die durch ihre eigene Erfahrung wissen, dass die Liebe niemals stirbt!

Dies ist die Erklärung für die Wahlverwandt-schaften, für das Phänomen von Sympathie und Antipathie, im Licht des Gesetzes von Reinkarnation und Karma gesehen.

KAPITEL VIII

KARMA – DAS GESETZ
VON SAAT UND ERNTE

Das Wort »Karma« bedeutet einfach »Handlung«. Aber es gehört viel mehr dazu, eine solche hervorzubringen, als ein gewöhnlicher Mensch denken mag. Jede Handlung hat eine Vergangenheit, auf die sie zurückgeführt werden kann, jede Handlung eine Zukunft, die aus ihr entsteht. Eine Handlung besteht aus einem Wunsch, der sie veranlasste, einem Gedanken, der sie formte, so wie einer sichtbaren Bewegung, auf die der Name »Tat« gewöhnlich angewandt wird. Jede Tat ist ein Glied in einer endlosen Kette von Ursachen und Wirkungen, indem jede Wirkung eine Ursache wird und jede Ursache eine Wirkung war. Jedes Glied dieser endlosen Kette ist aus den drei Bestandteilen zusammengeschweißt: Wunsch, Gedanke und Tätigkeit. Ein Wunsch regt einen Gedanken an, ein Gedanke verkörpert sich zu einer Tat. Manchmal ist es ein Gedanke in Form einer Erinnerung, aus dem ein Wunsch entsteht, und dieser Wunsch wird zur Tätigkeit. Aber stets sind die drei Bestandteile vorhanden – zwei unsichtbare, zum Bewusstsein gehörende, und ein sichtbarer, zum Körper gehörender. Um es präzise zu formulieren: Die Tat ist auch im Bewusstsein als Bild, ehe sie in eine physische Bewegung umgesetzt wird. Wunsch – oder Wille – Gedanke und Tätigkeit sind die drei Weisen des Bewusstseins. Diese Verbindung von Wunsch, Gedanke und Tätigkeit zu einer »Handlung« und das endlose Ineinandergreifen solcher Handlungen als Ursachen und Wirkungen sind alle in dem Wort *Karma* mit inbegriffen. Es ist ein anerkanntes Aufeinanderfolgen in der Natur – also ein Gesetz. In diesem Sinne mag Karma als »Kausalität« oder als »Gesetz der Kausalität« übersetzt werden. Wissenschaftlich erklärt, könnte es lauten: »Eine Handlung und deren Rückwirkung entsprechen sich gegenseitig exakt.« Religiös kann es nicht besser erklärt werden als durch den bekannten Spruch aus der Heiligen Schrift: »Das, was der Mensch sät, wird er auch ernten.« Manchmal nennt man es auch Gleichgewichtsgesetz, weil die Natur, sofern das Gleichgewicht gestört ist, immer die Neigung hat, einen Ausgleich herzustellen.

Karma ist also ein Ausdruck der göttlichen Natur, ein universales Gesetz. Die Unverletzlichkeit der natürlichen Ordnung, die Genauigkeit der natürlichen Gesetze, die vollkommene Zuverlässigkeit der Natur – das sind die starken Grundlagen des Universums. Ohne diese könnte es keine Wissenschaft, keine Gewissheit, keine Erklärung der Vergangenheit und keine Vorhersage der Zukunft geben. Menschliche Erfahrung würde nutzlos werden und das Leben ein Chaos von Vernunftwidrigkeiten sein.

Was ein Mensch sät, das wird er ernten. Das ist Karma. Will er Reis haben, so muss er Reis säen; denn sinnlos ist es, Wein anzubauen und Rosen zu erwarten. Zeitverschwendung ist es, Disteln zu säen und auf Weizen zu hoffen. So wie in der Natur, bleibt auch in den morali-

schen und geistigen Welten das Gesetz immer unveränderlich: Es nützt nichts, faul zu sein und zu hoffen, dass man dabei gelehrt wird. Vergebens sät man Egoismus und erwartet Liebe dafür. Furcht und Hoffnungslosigkeit bringen keinen Mut hervor. Diese durchaus gesunde und wahre Belehrung drängt den Menschen dazu, die Ursachen, welche seine täglichen Wünsche, Gedanken und Taten hervorbringen, zu studieren und ihre unvermeidlichen Früchte zu erkennen. Sie lehrt, alle trügerischen Ideen von »stellvertretender Sündenvergebung«, »unerklärlicher göttlicher Gnade« und alle anderen vom Aberglauben dem Sünder angebotenen Beruhigungsmittel aufzugeben.

Wie mit einer Posaune schmettert sie es allen denen, die sich in Frieden einzuschläfern versuchen, entgegen: »Täuschet euch nicht, Gott lässt sich nicht spotten, was der Mensch sät, das wird er ernten!«

Dies ist die warnende Seite des Gesetzes. Sehen wir nun die ermutigende. Gibt es in der moralischen und geistigen Welt ein

Gesetz, können wir nach diesem auch unseren Charakter bilden. Der Gedanke macht den Wert des Menschen aus, dieser Wert wiederum prägt den Charakter. »So wie der Mensch denkt, so ist er. Der Mensch ist erschaffen durch Gedanken; über was ein Mensch nachdenkt, das wird er.« Meditieren wir über Mut, werden wir Mut in unseren Charakter hineinbauen. Dasselbe ist der Fall mit Reinheit, Geduld, Selbstlosigkeit oder Selbstbeherrschung.

Ein stetiger, ausdauernder Gedanke stellt eine bestimmte Gedankengewohnheit her, und diese tritt bei dem betreffenden Menschen als eine besondere Charaktereigenschaft hervor. So sicher wie ein Steinmetz eine Mauer errichten kann, so können wir unseren Charakter erbauen, indem wir mit dem und durch das Gesetz arbeiten. Der Charakter ist der mächtigste Faktor in der Bestimmung des menschlichen Schicksals, und dadurch, dass wir uns einen edlen Charakter aufbauen, werden wir stets eine nützliche Bestimmung haben und der Menschheit dienstbar sein können. So wie wir durch das Gesetz leiden, triumphieren wir auch durch das Gesetz. In der Unwissenheit über das Gesetz gleichen wir einem auf dem Strom dahintreibenden steuerlosen Kahn. Die Kenntnis des Gesetzes aber gibt uns ein Steuer in die Hand, mit dem wir unser Boot, wohin wir nur wollen, zu lenken vermögen.

KAPITEL IX
DIE DREI FÄDEN
DES SCHICKSALS

Für die Germanen gab es die drei Nornen, die den *Faden des Schicksals* spannen. So wie einst, gibt es auch heute für den Erkenner der Weisheit drei Schicksalsgöttinnen, von denen jede fortgesetzt einen Faden spinnt. Zuletzt sind die drei Fäden in einen verflochten und bilden die starke Schnur der Schicksalsbestimmung, die des Menschen Leben an die Erde bindet oder von ihr löst. Diese drei Schicksalsgöttinnen sind jedoch nicht die drei Nornen der nordischen Legende, sondern sie sind die drei Mächte des menschlichen Bewusstseins: Die Willenskraft, die Denkkraft und die Tatkraft. Diese sind die drei Göttinnen, welche den Faden unserer Bestimmung drehen, und sie wirken im Menschen, nicht außerhalb desselben. Die Bestimmung des Menschen ist selbst verursacht, sie wird ihm nicht von außen willkürlich aufgezwungen. Seine eigenen Kräfte, geblendet durch Unwissenheit, flechten und weben die ihn fesselnden Bande, aber seine eigenen Kräfte, durch Erkenntnis geleitet, befreien ihn auch von den selbst angelegten Fesseln.

Die wichtigste dieser drei Mächte ist die Denkkraft. »Mensch« heißt »Denker«; es ist eine Wurzel aus dem Sanskrit, und daraus abgeleitet ist das deutsche Wort »Mann«, das englische Wort »man« (Mann), das französische »homme«, das italienische »uomo« etc. Der Faden der Gedanken wird zu mentalen und moralischen Eigenschaften verwoben, und in ihrer Gesamtsumme bilden diese das, was wir Charakter heißen. Diese Verbindung von Gedanken und Charakter ist schon in den heiligen Schriften der Völker anerkannt. In der Bibel lesen wir: »Wie ein Mensch denkt, so ist er.« Das ist das Hauptgesetz. Klarer ausgelegt: »Er, der ein Weib ansieht, ihrer zu begehren, hat schon mit ihr die Ehe gebrochen in seinem Herzen«. Oder: »So einer seinen Bruder hasst, der ist ein Mörder.« Auf denselben Grundlinien steht eine heilige Schrift der Inder, die sagt: »Der Mensch ist erschaffen durch Gedanken; so wie ein Mensch denkt, so wird er.« In diesen Lehren wird die Vernunft angesprochen: Wenn sich der Geist einem bestimmten Gedanken zuwendet und dabei verweilt, so wird eine gewisse Schwingung des Stoffes erzeugt, und je öfter diese Vibrationen verursacht werden, desto mehr neigen sie dazu, zur Gewohnheit und schließlich zu einem Automatismus zu werden. Der Körper folgt dem Geist und ahmt seine Veränderungen nach. Wenn wir unsere Gedanken konzentrieren, werden unsere Augen starr und die Muskeln gestrafft. Ein Versuch, sich an etwas zu erinnern, ist von einem Zusammenziehen der Augenbrauen begleitet; und die Augen wandern hierhin und dorthin, wenn wir einen verlorenen Eindruck wiederzufinden versuchen. Besorgnis, Zorn, Liebe oder Ungeduld, sie alle haben die ihnen eigenen Begleiterscheinungen von Muskelbewegungen. Das Gefühl, das einen Mann geneigt macht, sich aus großer Höhe hinabzustürzen, ist die Neigung des Körpers, den

Gedanken des Hinabfallens in die Tat umzusetzen. Demnach liegt also der erste Schritt zu einer achtsamen Bildung eines Charakters in der bedächtigen Wahl dessen, was wir denken wollen. Anschließend sollten wir beständig unsere Gedanken auf der gewählten Eigenschaft verweilen lassen. Es wird nicht lange dauern, und die Neigung, diese Eigenschaft zu zeigen, wird entstehen; noch etwas länger, und die Ausübung wird zur Gewohnheit geworden sein. Wir weben den Faden des Gedankens in unsere Bestimmung und finden uns mit einem auf alle edlen und nützlichen Zwecke gerichteten Charakter wieder. So, wie wir gedacht haben, so sind wir geworden. Gedanken bilden den Charakter.

Die Willenskraft ist die zweite Göttin, die einen starken Faden für die Schnur unseres Schicksals spinnt. Der Wille zeigt sich als Wunsch: Der Wunsch, etwas zu besitzen, sei es Liebe oder Zuneigung in unzähligen Formen; oder der Wunsch, etwas zurückzuweisen, sei es Hass, Abneigung oder Ablehnung einer

Person oder Sache. So wahr wie der Magnet weiches Eisen anzieht und hält, so zieht unser Wunsch das, was wir zu besitzen wünschen, an und hält es fest. Der starke Wunsch nach Reichtum und Erfolg lässt uns diese erreichen; denn was wir stark begehren und beständig wollen, das kommt früher oder später zu uns. Flüchtige, unbestimmte, wechselnde Vorstellungen haben nur wenig anziehende Kraft, aber der wirklich willensstarke Mensch erreicht, was er will. Dieser Faden des Willens führt uns Gegenstände für Wünsche vor das innere Auge sowie die Gelegenheiten, um diese Gegenstände zu erlangen. Der Wille schafft Gelegenheiten und zieht Gegenstände an.

Der dritte Faden ist durch die Tatkraft gesponnen, und dies ist der Faden, der in unser Schicksal äußerliches Glück und äußerliches Elend bringt. So, wie wir den uns umgebenden Menschen gegenüber handeln, so reagieren diese wiederum auf uns.

Ein Mensch, der viel Glück um sich verbreitet, wird auch wieder Glück erfahren. Jemand, welcher andere unglücklich macht, wird auch die Reaktion des Unglücks an sich verspüren. Lächeln bringt Lächeln hervor; ein zorniges Gesicht sieht ein ebensolches. Eine reizbare Person ruft Reizbarkeit in anderen hervor, und man kann das hierauf beruhende Gesetz in die einfachen Worte kleiden: Unsere eigenen Taten bewirken, dass eine Reaktion ähnlicher Natur auf uns zurückfällt.

Dieses sind die unser Schicksal webenden Fäden, denn sie formen Charakter, Gelegenheit und Umgebung. Sie werden nicht durch den Tod abgeschnitten, sondern reichen hinüber ins andere Leben. Der Faden des Denkens verleiht uns den Charakter, mit dem wir in dieser Welt geboren werden; der Faden des Willens wird uns jene Gelegenheiten bringen oder auch nicht, welche die »Glücksfälle« oder das Gegenteil im Gefolge haben; der Faden der Tatkraft schafft uns günstige oder ungünstige äußere Lebensumstände. So, wie wir säen, werden wir ernten; so, wie wir spinnen, wird die Schnur unseres Schicksals in der Zukunft sein. Der Mensch ist der Schöpfer seiner Zukunft. Er selbst ist die Ursache seiner Bestimmung. Der Mensch ist sein eigenes Schicksal.

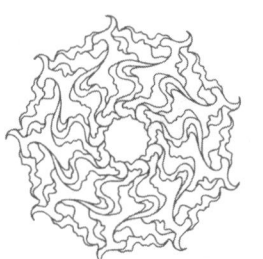

KAPITEL X
DIE GEDANKENKRAFT

Eine der auffälligsten Erscheinungen der gegenwärtigen Zeit ist die allgemeine Anerkennung der Macht der Gedanken: Der Glaube, dass ein Mensch durch die Kraft seines Charakters sein Schicksal formen kann. Darin stimmen unsere modernen Anschauungen mit den religiösen Lehren der Vergangenheit überein. »Der Mensch ist erschaffen durch Gedanken«, steht in einer heiligen Schrift der Hindus geschrieben. »Was ein Mensch denkt, das wird er; denke deshalb an das Ewige.« »Wie er im Herzen denkt, so ist er«, sagt der weise König von Israel, indem er vor dem Umgang mit schlechten Menschen warnt. »Alles, was wir sind, ist aus unseren Gedanken hervorgebracht«, lehrte der Buddha. Auch Christus erklärte: Der Gedanke ist der Vater der Tat.

Nachdem also überall die Gedankenkraft

allgemeine Würdigung findet, wird es zum Gegenstand großer Wichtigkeit, zu wissen, wie diese Kraft zu höchster Vollendung gebracht und mit größtmöglicher Wirkung angewandt werden kann. Dies wird am besten durch die Praxis der Meditation erreicht, und eine der einfachsten Methoden – die auch den Vorteil hat, dass sie auf ihren Wert hin von jedermann für sich selbst geprüft werden kann – ist die folgende:

Bei der Prüfung des eigenen Charakters wird man gewiss irgendeine Schwäche entdecken. Daraufhin mag man sich fragen, was denn das genaue Gegenteil davon sei. Nehmen wir an, du seiest reizbar. Wähle also das Gegenteil: Geduld. Dann setzt du dich jeden Morgen vor dem Weg zur Arbeit während drei bis fünf Minuten hin und lässt deine Gedanken bei der Tugend der Geduld verweilen. Nimm jeden Tag einen bestimmten Punkt. Denke so konzentriert wie möglich. Rufe deinen Geist zurück, wenn er zerstreut wird. Stelle dich selbst als vollkommen geduldig vor, als ein Modell von Geduld, und gelobe Dir am Schluss: »Diese, mein wahres Ich darstellende Geduld, will ich heute fühlen und nach außen tragen.«

Während der ersten Tage wird wahrscheinlich keine Veränderung bemerkbar sein; du wirst immer noch leicht reizbar sein und dies auch zeigen. Aber schreite täglich vorwärts. Auf einmal, wenn du etwas Reizbares sagst, wird der Gedanke durch dein Gehirn zucken: »Ich sollte geduldig sein.« Bald wird der Gedanke an Geduld *gleichzeitig* mit deinem aufbrausenden Impuls entstehen, und du wirst auf diese Weise rechtzeitig den Ausbruch deiner Reizbarkeit unterdrücken können. Endlich wird der ungeduldige Impuls schwächer und schwächer, bis du auf einmal feststellst, dass deine Reizbarkeit ganz verschwunden und Geduld dein normales Empfinden gegenüber äußeren Ärgernissen geworden ist.

Dies ist ein Experiment, das jedermann versuchen und damit das Gesetz für sich beweisen kann. Einmal bewiesen, kann er es benutzen und Tugend auf Tugend in ähnlicher Weise erbauen, bis er durch die Kraft der Gedanken einen Ideal-Charakter in sich geschaffen hat.

Eine andere Verwendung dieser Kraft ist die, irgendeine gute Sache dadurch zu unterstützen, dass man ihr gute Gedanken sendet: Einem Freund in der Not dadurch zu helfen, dass man ihm tröstende Gedanken schickt; einem anderen, der die Wahrheit sucht, dadurch, ihm klare und bestimmte Gedanken der Wahrheiten, die man kennt, zu übermitteln. Du vermagst in die mentale Atmosphäre Gedanken hinauszusenden, die alle dafür empfänglichen Personen erheben, reinigen und inspirieren werden. Es sind Gedanken des Schutzes, die als Schutzengel für jene dienen, die du liebst. Rechtes Denken ist ein fortgesetzter Segen, der wie ein Springbrunnen süßes Wasser hervorsprudeln lässt.

Dennoch dürfen wir nicht die Rückseite dieses schönen Bildes vergessen. Unrechtes Denken bringt ebenso schnell Bosheit, wie rechtes Denken Gutes. Ein Gedanke kann sowohl verwunden als auch heilen, Not bringen oder Trost schenken. Schlechte Gedanken, welche in die mentale Atmosphäre gesandt werden, vergiften jedes für sie empfängliche Gemüt.

Gedanken von Zorn und Rache verleihen dem mörderischen Schlag Kraft; Gedanken, die anderen Unrecht tun, wetzen die Zunge der Verleumdung und befiedern die Pfeile, die auf die unschuldig Angegriffenen geschleudert werden. Das von bösen Gedanken bewohnte Gehirn wirkt ähnlichen Gedanken anderer gegenüber wie ein Magnet und verstärkt so das ursprüngliche Böse. Böses zu denken, ist ein Schritt zum bösen Tun, und eine befleckte Einbildung treibt zur Verwirklichung ihrer eigenen unreinen Schöpfungen. »So wie ein Mensch denkt, so wird er«, das ist das Gesetz für böse Gedanken wie für gute. Überdies nimmt das stete Verweilen bei schlechten Gedanken diesen nach und nach das Abstoßende und zwingt den Denker, die sie verkörpernde Tat auszuführen.

Dies ist das Gesetz der Gedanken, dies ist ihre Macht. »Glücklich ist der, der es kennt und befolgt.«

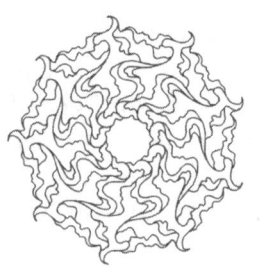

KAPITEL XI
SCHRITTE AUF
DEM GEISTIGEN PFAD

Der normale Verlauf der Entwicklung führt den Menschen von Stufe zu Stufe aufwärts. Aber eine ungeheure Distanz trennt selbst das Genie und den Heiligen noch von dem Menschen, »der an der Schwelle zur Göttlichkeit steht«, und noch mehr von dem, der das Wort Christi erfüllt hat: »Sei vollkommen, wie dein Vater im Himmel vollkommen ist.« Gibt es Stufen, die zu dem Torweg führen, von dem geschrieben steht: »Eng ist das Tor und schmal der Weg, der zum Leben führt, und wenige sind da, die ihn finden?« Wer sind die »Vollkommenen«, von denen Paulus hier spricht?

Gewiss gibt es Stufen, die zu jenem Portal führen, und nur wenige sind es, die diesen schmalen Weg gehen. Das Tor ist das Tor des Erkenntnisvermögens, die zweite Geburt, die

Taufe mit dem heiligen Geist und mit Feuer; der Weg zur Erkenntnis Gottes, der Pfad zum ewigen Leben.

Im Abendland werden diese Stadien oder Stufen *Reinigung, Erleuchtung* und *Vereinigung* genannt. Durch diese Stadien bezeichnet der Mystiker – von seligen Visionen hingerissen – den geistigen Weg. Im Osten aber sieht der Esoteriker – der Wissende – die Stufen in einer etwas anderen Weise und teilt den Weg in zwei große Stadien, jenen des Probepfades und jenen des eigentlichen Pfades. Der Probepfad kann mit der *Reinigung*, der Weg selbst mit der *Erleuchtung* und *Vereinigung* des Mystikers verglichen werden. Auf dem Probepfad versucht der Schüler, bestimmte Qualifikationen zu entwickeln, durch die er geeignet wird, das diesen Weg abschließende Portal zu durchschreiten, während er auf dem Weg selbst vollständig die ihn von der Erlösung und endgültigen Errettung zurückhaltenden zehn »Fesseln« abstreifen und vier andere Portale oder Einweihungen passieren muss. Die Qualifikationen müssen, wenn auch nicht vollständig, so doch relativ gut entwickelt werden, ehe das erste Portal durchschritten werden kann. Es sind:

1. Unterscheidungsgabe: Die Fähigkeit, zwischen Wirklichem und Nicht-Wirklichem, zwischen Ewigem und Nicht-Ewigem zu unterscheiden – diese durchdringende Erkenntnis, die das Wahre sieht und das Falsche unter allen Verkleidungen enthüllt.

2. Leidenschaftslosigkeit oder Wunschlosigkeit: Das Erhabenwerden über den Wunsch, Vergnügen bringende Objekte zu besitzen oder schmerzbringende abzulehnen, indem man die niedere Natur vollkommen bezwingt und über der Persönlichkeit steht.

3. Das Erringen der sechs mentalen Eigenschaften oder das Betragen ohne Tadel: Beherrschung des Gemütes, Beherrschung des Körpers in Rede und Handlung, To-

leranz, geduldiges Ertragen oder heitere Gelassenheit, harmonisches Abgestimmtsein und Vertrauen.

4. Der Wunsch nach der Vereinigung oder der Liebe. Dies sind die Qualifikationen, deren Entwicklung die Vorbereitung zum Durchschreiten des ersten Portals zur Einweihung bildet. Diesen sollte der Mensch, der rasch voranschreiten will, sich mit festem Entschluss zuwenden, damit er ein Helfer der Menschheit werden kann.

Wenn er genügend von diesen Qualifikationen erworben hat, um an das Tor klopfen zu können, damit es ihm aufgetan werde, dann ist er bereit, über dessen Schwelle zu treten und den Pfad zu beschreiten. Er ist eingeweiht oder er empfängt die »zweite Geburt«. Er wird unter den Hindus der »Wanderer« (*Parivrajaka*) geheißen, von den Buddhisten »der, welcher in den Strom getreten ist«, *Shotapanna* oder *Sotapanna*; und ehe er die zweite Einweihung zu erreichen vermag, muss er vollständig die folgenden »Fesseln« abwerfen:

Das Getrenntsein – er muss einsehen, dass alle eins sind; den Zweifel – er muss wissen um, nicht nur glauben an die großen Wahrheiten von Karma, Reinkarnation sowie die Vollkommenheit, die durch das Beschreiten des Pfades erreicht wird; den Aberglauben – die Abhängigkeit von Ritualen oder Zeremonien.

Sind diese drei Fesseln ganz abgestreift, dann ist der Eingeweihte bereit für das zweite Tor und wird der Erbauer (*Kutichaka*) oder »er, der nur noch einmal zurückkehrt«, *Sakadagami*. Er muss nun die Kräfte der feineren Körper entwickeln, so dass er in den drei Welten nützliche Dienste leisten kann. Das Passieren des dritten Portals macht ihm zum Erwachten (*Hamsa* – »Ich bin Er«) oder »er, der nicht zurückkehrt« – ausgenommen mit eigener Zustimmung – der *Anagamin*. Das vierte Tor sollte im selben Leben durchschritten werden, und für den, der dies getan hat, ist die erzwungene Wiedergeburt vorbei. Nun muss er noch die

Fesseln des Wunsches abwerfen – solcher seltenen Wünsche, die noch in ihm vorhanden sein könnten –, sowie auch die Fesseln der Abstoßung – nichts darf ihn abstoßen, denn in allem muss er die Einheit sehen. Hat er dies getan, dann geht er durch das vierte Tor und wird zum Über-Individuum (*Paramahamsa* – »Über dem Ich«) oder »zum Ehrwürdigen« (*Arhat*). Jetzt sind es noch fünf der feinsten Fesseln, die ihn weiterhin binden, doch so schwer ist es, ihr Gewebe zu zerreißen, dass oft noch sieben Leben vergehen werden, um den Abstand zu überbrücken, der den Arhat vom Meister, dem Freien, dem Unsterblichen, dem Übermenschen trennt, von ihm, der in seinem Weltsystem nichts mehr zu lernen hat, sondern alle Dinge kennt. Die Fesseln, von denen wir jetzt sprechen, sind der Wunsch nach Leben in Formen, der Wunsch nach Leben in formlosen Welten, der Stolz über die Größe des Vollbrachten, die Möglichkeit, von irgendetwas, was sich ereignen möchte, gestört zu werden, und die Illusion – der letzte zarte Schleier, der ihn von der Wirklichkeit trennt.

Wenn alle diese für immer abgeworfen sind, dann hat der triumphierende Menschensohn seinen menschlichen Lauf vollendet und ist zur »Säule geworden im Tempel meines Gottes, die nie mehr vergehen wird«. Er ist der zur Vollkommenheit gelangte Mensch, einer der Erstgeborenen, ein älterer Bruder unseres Menschengeschlechtes.

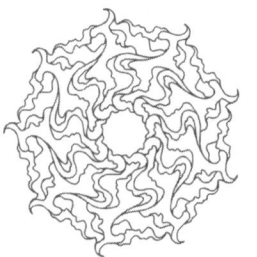

KAPITEL XII
UNSERE ÄLTEREN BRÜDER

Wir haben nun die Stufen aufgezeichnet, durch die ein Mensch das Stadium des übermenschlichen Wesens zu erreichen vermag. Nun wollen wir noch eine kurze Betrachtung anstellen, in welchem Verhältnis zur Welt jene stehen, die bereits die höchste Stufe erreicht haben, aber doch zu unserer menschlichen Familie gehören – unsere älteren Brüder.

Alle Religionen blicken auf einen Gründer zurück, der sich hoch über die Menschheit erhob. Alle alten Schriften erzählen von erhabenen Wesen, die den Grundstein für Nationen gelegt und diese in deren Kindheit und Jugend geleitet haben. Wir hören von göttlichen Königen, göttlichen Dynastien oder göttlichen Lehrern. Das Zeugnis der Vergangenheit ist so einhellig und die aus vergangenen Zivilisationen erhaltenen Ruinen sind so mächtig, dass wir vernünftigerweise das

Zeugnis weder als wertlos noch die alten Kulturen als das unbeholfene Produkt einer im Entstehen begriffenen Menschheit hinzustellen vermögen.

Es ist auch bezeichnend, dass die heiligen alten Schriften die edelsten sind und uns am meisten inspirieren. Die »Klassiker der Reinheit« aus China, die »Upanishaden« aus Indien, die »Gathas« – so bruchstückhaft sie auch sein mögen – aus Persien, sie alle stehen hoch über den späteren religiösen Schriften der gleichen Länder. Die in solchen Büchern gefundene Ethik ist Ehrfurcht gebietend, nicht ermahnend, denn diese Werke lehren als Autoritäten, nicht als deren Schriftzeugnisse.

Keine Religion bestreitet oder übersieht diese Tatsachen, zumindest soweit ihre eigenen Lehrer und ihre eigenen heiligen Schriften betroffen sind, aber leider neigen die meisten dazu, diese Tatsachen zu bestreiten oder zu übersehen, wenn die Lehrer und heiligen Schriften anderer Religionen in Betracht gezogen werden. Studierende der Weisheit haben erkannt, dass alle diese Ansprüche unparteiisch anerkannt oder verworfen werden müssen. Esoteriker wissen, dass, obwohl viele Legenden und Fabeln sich um diese mächtigen Wesen gesammelt haben, diese dennoch in der Vergangenheit existierten und auch noch heute bestehen.

Die Geistige Hierarchie, welche die Welt beherrscht, lehrt und leitet, ist ein Orden, in welchem jeder Rang seine besonderen mannigfaltigen Pflichten hat, die er in vollkommener Harmonie mit dem Ganzen erfüllt, indem er einen Teil des Planes des Höchsten, des Logos des Systems, durch seinen Dienst erfüllt, der für ihn »vollkommene Freiheit« bedeutet. Zwei führende Abteilungen unserer Hierarchie sind daran beteiligt, die eine mit der Beherrschung, die andere mit der Belehrung unserer Welten.

Jene, die von den Hindus die *Vier Kumaras* (Die Alten Vier) genannt werden, sind die höchsten Herrscher, und die *Manus* von Kreisläufen und Geschlechtern sind ihre Botschafter mit dem unter diesen stehenden Scharen der Adepten, zu denen auch die Meister zählen, welche die Details des Großen Göttlichen

Planes zur Ausführung bringen. Ihr Werk ist es, die Evolution zu leiten, Geschlechter zu formen, sie zu dem als ihren Wohnsitz bestimmten Erdteil zu führen und den Aufstieg und Niedergang von Völkern, Königreichen und Zivilisationen zu überwachen.

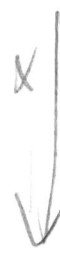

An der Spitze der Abteilung zur Belehrung der Welt steht Buddha, der Erleuchtete, der, wenn er von der Erde hinweggeht, die Leitung an den abgibt, der nach ihm ein Buddha werden soll, nämlich den Bodhisattva, den tatsächlichen Lehrer der Welten. Dieser höchste Lehrer ist der immer Gegenwärtige, der die Religionen der Welt überschattet und inspiriert, der sie begründet, wie sie für die Leitung der Menschheit benötigt sind, und durch seine Helfer im Range der Eingeweihten jede Religion lenkt, so weit es menschliche Widerspenstigkeit und Unwissenheit erlauben. Jede große geistige Inspiration kommt von dieser Abteilung der Weißen Bruderschaft und erfüllt unsere Erde mit dem Wasser des Lebens.

Zu jenen Adepten zählen auch jene, denen der Name »Meister« im Besonderen gehört, indem sie diejenigen, welche die für die Annäherung zum Portal der Einweihung nötige Stufe der Evolution erreicht haben und entschlossen danach streben, in sich die dafür erforderlichen Qualifikationen zu entwickeln, als Schüler oder Jünger annehmen. Es gibt viele auf dieser Stufe der Hierarchie – jene, welche die fünfte Einweihung erhalten haben –, die keine Schüler annehmen, aber in anderer, der Hilfe der Welt gewidmeten Arbeit tätig sind. Selbst unterhalb dieser Stufe nehmen einige die ihnen seit langem ergebenen Schüler in ihre Obhut, da die entstandenen Bande zu heilig und zu stark sind, um gebrochen zu werden. –

Die Theosophie ist ein offener geistiger Weg, auf dem diese großen Lehrer gesucht und gefunden werden können. Es gibt einige Menschen, welche die Meister von Angesicht zu Angesicht gesehen haben, und auch ich, die ich diese Zeilen schreibe, lege bescheiden Zeugnis ab für das, was durch Menschenalter hindurch widerhallte, denn auch ich habe gesehen und weiß.

Ein inspirierender Kommentar zu einem der größten spirituellen Meisterwerke der Menschheitsgeschichte. Die einfühlsamen und tiefsinnigen Erklärungen erschließen neue Wege zum Verständnis der Weisheit von Laotse.

Franz Hartmann
TAO – Die Weisheit des Laotse
Das Tao-te-King
Hardcover
ISBN 978-3-89427-652-2

Der königliche Yoga-Weg aus der Sicht der großen spirituellen Lehrerin. Die Weisheit des Ostens meisterhaft erklärt für den suchenden Menschen des Abendlandes!

Annie Besant
Raja-Yoga
Hardcover
ISBN 978-3-89427-648-5

Perlen der Weisheit

Annie Besant beschreibt in ihrer kraftvollen und bildreichen Sprache die Stationen des inneren Weges, welchen die geistig strebende Seele durchlaufen muss, ehe sie am Portal zum „Tempel der Weisheit" anklopfen darf.

Annie Besant
Der Pfad zum Tempel der Weisheit
Hardcover
ISBN 978-3-89427-238-8

Viele Jahre lang sammelte H.P. Blavatsky die großen Weisheitsworte des Ostens. Erstmals sind sie in diesem Band vereint und dienen als Inspiration für den Weg durch das Jahr.

Helena P. Blavatsky
Edelsteine des Orients
Hardcover
ISBN 978-3-89427-651-5

Perlen der Weisheit

Die Gesetzmäßigkeiten des esoterischen Weges und die unvergänglichen Bedingungen für inneres Wachstum. Ein Grundlagenbuch für ein zeitgemäßes spirituelles Leben in der technisierten Welt des 21. Jahrhunderts.

Annie Besant
Der geistige Pfad
Hardcover
ISBN 978-3-89427-647-8

Der spirituelle Weg wird eines Tages den ernsthaft suchenden Menschen an das „Tor der Einweihung" bringen. Dort erwarten ihn die „Hüter der Menschheit", um ihm jenes Wissen zu offenbaren, das ihn zu einem bewussten Mitarbeiter am Göttlichen Plan des Lebens machen wird.

Annie Besant
Initation
Hardcover
ISBN 978-3-89427-649-2

Perlen der Weisheit